세자빠
이야기

세자매 이야기

문소리   이승원

시나리오부터 제작기,
인터뷰,
현장 스틸,
영화평까지
영화 〈세 자매〉의 모든 것

마음산책

세자매
이야기

1판 1쇄 인쇄 2021년 1월 15일
1판 1쇄 발행 2021년 1월 20일

지은이 | 문소리 · 이승원
펴낸이 | 정은숙
펴낸곳 | 마음산책

편집 | 권한라 · 성혜현 · 김수경 · 이복규   디자인 | 최정윤 · 오세라
마케팅 | 권혁준 · 김종민 · 김은비   경영지원 | 박지혜

등록 | 2000년 7월 28일(제13-653호)
주소 | (우 04043) 서울시 마포구 잔다리로 3안길 20
전화 | 대표 362-1452 편집 362-1451   팩스 | 362-1455
홈페이지 | www.maumsan.com
블로그 | maumsanchaek.blog.me
트위터 | twitter.com/maumsanchaek
페이스북 | facebook.com/maumsan
인스타그램 | instagram.com/maumsanchaek
전자우편 | maum@maumsan.com

ISBN 978-89-6090-656-3 03680

사과해요.

어른이 사과를 왜 못 해요?

■ 일러두기

1. 이 책에 실린 시나리오는 영화 〈세 자매〉의 촬영 전 시나리오 최종본이다.

2. 공식적인 영화 제목은 〈세자매〉이나, 이 책에서는 국립국어원의 한글 맞춤법에 따라 〈세 자매〉
   로 표기했다.

3. 외국 인명, 작품명 및 독음은 외래어표기법을 따르되, 관용적인 표기와 동떨어진 경우 절충하여
   실용적 표기를 따랐다.

4. 책 제목은 『 』로, 노래·영화·방송 제목은 〈 〉로 표기했다.

차 례

그 언니, 에게

언니, 지금도 그러나요.
갑자기 숨이 리듬을 잃고 심장이 조여 오나요.
소리쳐야 하는데 목소리가 나오지 않아 가위눌리곤 하나요.
한밤에 혼자 깨어 소주를 마시고, 여전히 그러나요.

언니, 요즘도 그래요 나는.
눈을 감아도 그것은 내 눈꺼풀을 영사막 삼아 끊임없이 재생돼요.
그것은 견딜 수 없을 정도로 확대되고 꿈속까지 따라오고 그것은
아마도 죽을 때까지 쫓아오겠지요, 그 손은요.

그 손은 언니의 창백한 미소 아래에도 도사리고 있겠지요.
행복의 얇은 껍질 속에서 틈만 나면 그 허약한 가면을 찢고

튀어나오려 하지요.
그 손은 무고한 영혼에 죄책감을 지우고
어린 목격자에게 방조의 죄를 씌웁니다.
피해자가 피의자가 되어 무릎 꿇게 합니다.
그 손은 결국 나의 손이 됩니다.
나의 손이 된 그 손이 기어이 나를 다시 해하고 말아요.

있잖아요 언니 나는, 그게 가장 무서워요.
눈빛이 닮아가는 것.
어떤 종류의, 아니 모든 폭력은 유전되니까요.
그것은 일생을 지배한 뒤 대물림되고
세대를 거듭하고 시대를 관통해요.
아이들은 닮아가겠죠, 엄마와 아빠의 눈빛을.
아버지의 눈빛을 닮은 나의 눈빛을.
눈빛이라니 언니, 안 돼요 그것만은.
우리의 딸들은 그래서는.

생각해요 그 밤을. 어둠 속으로 흩어지던 연약한 입김을.
그때 맨발의 긴급함에 누군가 응답했다면
모든 게 달라지지 않았을까.
그들의 손이, 우리를 손가락질하지 않고
곱은 손을 잡고 함께 돌아와주는 손이었다면.

멈추게 하는 손이었다면.

그래요, 이제 와 이렇게 생각하는 게 그게 다 무슨 소용일까.

그렇지만 정말로 그럴까요 언니. 다 헛되고 부질없을까요.

지금도 얼마나 많은 맨발이 겨울밤을 질주하는데요.

얼마나 많은 몸에 검은 꽃이 피는데요.

언니는 말했죠.

멍은, 어쩌자고 이렇게 쓸데없이 예쁠까.

봐봐, 꽃 같기도 하고 은하 같기도 하잖아.

붉다가 푸르다가 보라였다가 초록이었다가 연두로 노랑으로

피었다 지는 꽃 같다고 언니, 나는 그 말 때문에 울어요.

텅 빈 눈으로 쓸쓸히 웃는 언니 때문에.

그리고 얼마나 많은 아이들의 레이스 커튼 안에서

여자들의 21, 23호 베이지 아래에서 그 나쁜 꽃은

모르게 피고 있을까요.

나는 그때 생각한 거예요.

그 검은 꽃을 멈추게 하는 손이 되고 싶다고.

죽을 때까지 자신의 기억을 살아내야 하는 게 누구나의 일생이지만,

삶은 그저 어둠 속에 숨어서 평생 제 상처를 핥는 일에 다름 아니지만,

닿지 않는 곳을 만져줄 손은 필요한 거잖아요.

그렇게 나는 언니의 상처에 연루되고 싶어요.

언니의 삶에 가담하고 싶어요.

언니, 그날 우리 같이 본 그 영화 말예요.

언닌 디카프리오의 미소에서 헤어나오지 못해 꿈꾸는 얼굴을 하고는,

내 허리를 껴안고 그 장면을 따라 해보자고 졸라서

나를 웃게 만들었죠.

근데 나는 그 백허그 장면이나 디카프리오보다

그 사람들이 자꾸 떠오르더라.

침몰하는 배 차오르는 물 가운데서도 끝까지 연주를 하던 사람들.

도망치지 않은 손들.

'인간답게' 살고, '아름답게' 죽는 것은 그런 게 아닐까요.

그래 언니, 우리 오랜만에 영화 보러 가요.

끝나고는 언니 좋아하는 바지락 칼국수를 먹어요.

아니다, 바람도 쐴 겸 아예 조금 멀리 갈까요.

바다가 보이는 술집에서

소주는, 거기서 나랑 마시자. 자꾸 그렇게 혼자서 말고.

그리고 언니 그 말은 이제, 파도에나 줘버리자.

그건 언니가 들어야 할 말이니까요.

아니야 내가, 우리가 받아낼 거야.

언니한테 제대로 사과하지 않으면 그 입 내가, 찢어버릴까?

하핫 장난이에요 언니.

질색하고 나를 쳐다볼 언니 얼굴이 벌써 그려지는걸.

그러니까 더 보고 싶다 언니. 곧 만나요 우리!

시인 허은실

제작기

문소리의 현장 스케치

세 자매 이야기

〈세 자매〉의 캐스팅이 완료되었다.

기념하지 않을 수 없는 것.

우리 집에서 연말 모임을 하기로 했다.

세 자매의 가족들도 함께 모였고

우리의 세 딸들은

또 다른 세 자매처럼 스스럼없이 어울렸다.

예쁘구나, 아이들과 김선영 배우네 강아지

기쁨이까지도 함께 노는 모습이.

어른들은 얼큰하게 놀았다.

이제 시작이다.

세 자매 이야기

나와 김선영, 장윤주 배우는 계속해서 만났다.
〈세 자매〉 각본을 읽고
한 신scene 한 신에 대해 이야기했다.
연기 경험이 많지 않은 장윤주 배우가
맡은 역할에 대해 계속 불안해했다.
그런 장 배우를 위해 나와 김 배우는
특별한 '오지랖 코칭'을 했다.
감독과 함께 시나리오에 관한 고민을 꽤 오래 해온 나는
영화 〈세 자매〉의 세계와 작업 환경에 대해,
극단 후배들에게 지속적으로 연기 코칭을 해온 김 배우는
디테일한 연기의 면면을 잡아주었다.
이 과정에서 모든 것을 감당하는 장 배우가
대단하다는 생각이 들었다.
저력도 열정도 자세도 대단했다.

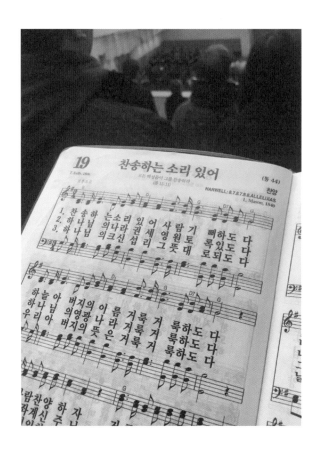

나는 불교인이다.

교회를 가본 적이 거의 없다.

김선영, 장윤주 배우는 독실한 크리스천이다.

영화 속 역할을 위해

김 배우를 따라 한광교회를 가보고

장 배우를 따라 소망교회를 가보았다.

홀로 동네 교회도 다녔다.

몇 달간 열심히 교회를 다닌 셈이다.

딸 연두에게 "엄마 배신이야"라는 말까지 들었다.

처음으로 부른 찬송가,

〈찬송하는 소리 있어〉다.

이런 게 신의 계시 아닐까?

제작기

조연, 단역까지 모든 배우의 캐스팅이 확정되었다.

반가운 일이다.

모두 모여 시나리오 리딩을 하는 날.

대사 한두 마디밖에 없는 단역 배우들도

기꺼이 달려와주었다.

영화 속 밴드가 부를 노래를 이미 완성해,

기타까지 들고 리딩에 참여해준 박광선 뮤지션.

다들 고맙다.

마지막 장 리딩을 마친 후

모두들 가슴 먹먹한 표정을 감추지 못했다.

〈세 자매〉가 가진 힘, 이야기의 물결이

얼마나 강력한지 모두 예감하는 듯했다.

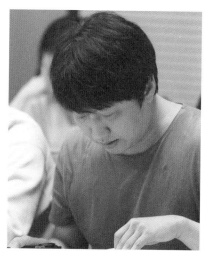

감독과 세 배우.

세 자매가 되어버린 세 사람은

묘하게 닮았다.

세 자매 이야기

아버지 역할의 이송희 배우와

세 자매 동생인 막내 진섭 역할의 김성민 배우.

두 배우도 묘하게 닮았다.

셋째 딸 미옥네 집에서 크랭크인.
미옥 역할의 장윤주 배우는
치열하게 고민하고 또 고민한다.
아름답다.

첫 촬영을 마친 장윤주 배우.

아직 미옥에게서 헤어나지 못한 모습.

얼굴이 초췌하다.

그러나 만세 포즈는 사랑스럽다.

코로나19 상황이 심각해졌다.

초긴장 상태다.

김상수 피디는 대구에 사시는 아버지 역의 이송희 배우에게

매일같이 안부 전화를 드리며 건강 상태를 확인했다.

촬영 현장으로 헌팅한 장소들도 취소되었다.

시골 마을도 학교도 교회도

촬영이 허락되지 않았다.

촬영 장소를 다시 구하는 일이 난관이었다.

어렵게 섭외한 현장에서는 방역 규칙을 철저하게 지켰다.

손 세정제와 마스크는 기본으로 구비했다.

생강차가 코로나19 예방에 좋다는 믿거나 말거나 소문에 혹해

생강차를 준비하기도 했다.

매시간, 기도하는 마음이 되었다.

미옥 부부의 애틋한 사랑 표현.

실제로는 미옥 역할의 장윤주 배우보다

남편 역할의 현봉식 배우가 어리다.

장 배우: 뿅식아아아아!

현 배우: 어, 누나 누나 와요? 누나 내 찾았으요?

카메라 밖에서도 살가운 두 사람.

촬영 현장의 에너지.

세 자매는 자신의 촬영 신이 없어도

늘 현장에 나타났다.

서로의 연기에 대해 이야기하고

기운을 북돋웠다.

우연히 찍힌 이 한 컷, 행복해 보이는 우리들.

감독과 첫째 딸 희숙 역할의 김선영 배우.

저 자세가 진정 감독의 디렉션을 받는 자세인가.

배우에게 다가가는 엉거주춤한 감독의 자세는 또 뭔가.

아무리 실제 부부라지만.

세 자매 이야기

김선영 배우의 하이퍼리얼리즘은 놀랍고 신기하다.

카메라 앞에서 이렇게 편안한 배우는 거의 없다.

아마도 5세 이하, 90세 이상 배우만이

가능한 릴랙스의 경지가 아닐지.

분장 노,

헤어 드라이 노,

비비크림 노.

용감하고 과감하다.

근거 있는 그녀의 자신감이 너무나 좋다.

세 자매 이야기

사이비 교주의 세례를 받은 희숙 역할의 김 배우가

모니터를 보며 활짝 웃는다.

예전부터 이승원 감독의 연극과 영화를

좋아해온 김의성 배우가

희숙의 남편으로 특별출연했다.

세 자매 이야기

"찢어버릴까

너만 원한다면

찢어버릴까

너만 괜찮다면

내 남은 삶 그 어떤 것도

난 의미가 없어

그냥 다 찢어버릴까

개같이 생긴 네 면상도

개 같은 너의 가족들도

입으로 똥을 싸는 네 주둥아리도

그냥 다 찢어버릴까

찢어버릴까

찢어버릴까

아아아아아"

세 자매 이야기

술에 취해 집으로 돌아가는 차 안에서
남편 상준에게 미안하다고 속내를 드러내는 신.
미옥은 이날 많이 울었다.
장 배우가 개인적으로 아끼는 신이지만,
안타깝게 최종 편집 과정에서 삭제되었다.

〈세 자매〉 촬영 가운데 감독님이 가장 많이 신경 쓴 신.

촬영 중 최다 인원이 등장한

교회 성가대 찬송 신이다.

보조 출연으로 달려온 지인들,

촬영 전 연습부터 본격 촬영까지 최선을 다한

성가대원 역할의 배우들,

나의 성가대 지휘 연기를 지도해준 성동은 지휘자,

교회 신을 점검해준 김선진 코디네이터.

이들의 노고와 정성을 잊지 않겠다.

감사 인사가 늘 부족하다.

이들 덕분에 무사히 교회 신을 찍을 수 있었다.

현준 열한 시훈 아티 동탁

정완

승주 동일 현길

지우 영민 배현 황욱

윤비 혜선 강솔

2020. 3. 6. 금요일
새영광교회에서 세자매 촬영

2020
영화 세자매
현장 :::
호랭이ㄷ♡

내가 연출했던 〈여배우는 오늘도〉에 출연한 배우이자
캘리그래피스트이자 콘티 작가인 강숙.
교회 신 보조 출연을 위해 와주었다.
예배 보는 내내 뭘 끄적거리나 궁금했는데
보조출연해준 지인들을 그리고 있었다.
캐리커처들마다 특징이 생생하다.

세 자매 이야기

너무 세게 맞았다. 얼음찜질.

미연 남편 역할의 조한철 배우는

시나리오 리딩 첫날 이렇게 말했다.

"그래도 내가 바람피웠는데,

아내 뺨을 때리는 건 좀 심하지 않아요?

나는 못 때릴 것 같은데⋯⋯"

그랬던 조 배우가 미연을 시원하게 때렸다.

촬영하면서 조 배우는 마음이 바뀌었다고.

"미연이 하는 짓을 보니 좀 심하더라고."

내가, 아니 미연이가 좀 지독하기는 했다만.

학교 교무실에서 토하는 촬영을 마친

미옥 역할의 장윤주 배우.

넋이 나간 듯 보인다.

이때 장 배우는 실제로 많이 아팠다.

미옥을 붙잡고 살다 보니 몸에서 열이 오르고

잠을 제대로 못 자고 마음도 휘청거렸다고.

온몸으로 캐릭터를 껴안고 사는 배우의 운명.

아픈 장 배우를 보며

얼마나 마음이 초조하고

안타까웠는지 모른다.

끝까지 잘 버텨주었다.

세 자매 이야기

반항적인 조카 보미와 미연이

다정히 찍었던 모닥불 맞담배 신.

파워풀한 김가희 배우의 섬세한 연기가 돋보였는데,

편집 과정에서 삭제되어 김 배우가 아쉬워했다.

엔딩 신의 셀프 카메라 촬영 설정은
조영천 촬영감독의 제안으로 이루어졌다.
세 자매의 막내인 미옥, 장 배우가
촬영감독님이 건네준 아이폰으로
우리들 셀카를 찍었다.
이 신만 보면 저절로 눈물이 난다.

세 자매 이야기

마지막 촬영지인 강원도 양양 바다.
촬영이 끝나자 세 배우는 울음보가 터졌다.
백사장에 주저앉아 부둥켜안고 한참을 울었다.
실컷 울고 나니 촬영이 잘 끝났다는 안도감에
슬며시 웃음이 새어 나오기 시작했다.

세 자매 이야기

옛날 옛적 영화계의 전통,

크랭크업 이벤트는 '물속에 감독 빠트리기'다.

스태프 여러 명이 달려들어

감독님을 들어 올리려 했는데 안 됐다.

130킬로그램의 거구인 이 감독님은 하는 수 없이

스스로 바다에 걸어 들어갔다.

세 자매 이야기

잊지 못할 〈세 자매〉의
모든 스태프와 배우들이 모였다.
어려운 상황에서도 최선을 다한
우리 얼굴에는 웃음이 번졌다.
장하다. 어떻게 이토록 귀한 사람들이
〈세 자매〉에 모일 수 있었을까.

세 자매 이야기

수많은 어려움을 헤치고 온 〈세 자매〉.

코로나19 상황에서 여기까지 온 것이 기적 같다.

그러나 우리에게는 극장 개봉이라는

더 큰 파도가 기다리고 있다.

과연 〈세 자매〉는 그 큰 파도를 헤치고

수많은 관객들을 만날 수 있을까.

잘 살아남기를 간절히 희망해본다.

시나리오

제작　　　스튜디오 업

공동 제작　영화사 연두

각본/감독　이 승 원

1. 프롤로그

검은 화면 속, 유심히 보면 누군가 열심히 땅을 보며 뛰고 있는 모습임을 알게 된다. 헐떡이는 여자아이들의 숨소리. 어렴풋이 보이는 두 소녀의 맨발. 저 멀리 희미한 가게 불빛이 보이다가…….

cut to

2. 병원 복도 / 낮

병원 복도에 세 자매가 보인다. 첫째 희숙(여/40세)과 셋째 미옥(여/34세)은 복도 의자에 앉아 있고 벽에 기대 의자 쪽을 향해 서 있는 둘째 미연(여/38세). 이때 다른 쪽 복도에서 간호사가 차트를 확인하며 등장한다.

간호사   전진섭 님…… 보호자님?

간호사 쪽을 향해 손을 드는 세 사람. 서로를 보며 순간 멈칫한다. 그러다 미연과 미옥이 희숙을 쳐다본다.

희숙   (간호사를 보며) 예…….

간호사   (뒤돌아서며) **따라오세요.**

희숙   (미연과 미옥에게 작은 소리로) **갔다 올게······.**

희숙이 간호사를 따라 사라진다. 복도에 남겨진 미옥과 미연. 별다른 반응 없이 지루한 시간이 흘러간다.

미연   (미옥 보며) 배 안 고파?

cut to

어두운 화면 속에 〈나의 하나님〉 전주가 흐르면서 세 자매의 고향집이 서서히 드러난다. 집 곳곳에 걸려 있는 세 자매의 어린 시절 사진들. 남자아이같이 까불거리는 미옥의 모습과 똑똑하고 단정해 보이는 미연 그리고 삐쩍 마른, 왠지 어둡고 어색한 표정의 희숙이 보인다. 마지막으로 해변가에 나란히 서서 노랠 부르기 직전의 세 자매 사진이 보이면서······.

3. 미연의 차 안 / 낮

프롤로그의 마지막 사진과 미연 차 안에 걸린 가족사진이 교차된다. 차 안에 울려 퍼지는 〈나의 하나님〉 노래. 운전하며 같이 읊조리는 미연.

4. 미옥의 집 작업실, 거실 / 낮

자신의 작업실 맨바닥에 곯아떨어진 미옥. 헝클어진 붉은 머리가 유독 눈에 띈다. 새벽일 갔다 온 상준이 조심히 문틈으로 미옥을 살핀다. 아들 성운이 교복을 입고 졸린 눈을 비비며 상준에게 다가온다.

성운   (배 움켜쥐며) 아빠 나 밥······.

상준   (본능적으로 성운 뒤통수 때리며) 쉿!

성운   아! 왜 때려?

상준   (성운 입 틀어막으며) 새끼야, 엄마 깨잖아. (주머니에서 만 원 한 장 꺼내 쥐어주며) 가다가 편의점 가 사 먹어.

성운   (억지로 돈 받으며) 아 진짜 짜증 나. 나 중 2야. 되게 예민해, 알지?

상준   (발로 엉덩이 걷어차며) 꺼져 새끼야.

투덜거리며 다시 방으로 들어가는 성운. 그 모습 보고 피식 웃는 상준.

5. 희숙의 집 거실, 주방 / 낮

정성스럽게 아침 식사를 준비하는 희숙. 보미 방에선 귀가 찢어질 듯 시끄러운 펑크메탈 음악 소리가 울린다. 식탁 위에 차려진 간단하지만 정성스런 음식들. 그와 상응하는 음악 소리.

cut to

잠시 후 외출복으로 갈아입은 희숙이 현관 앞에서 보미의 방문을 한번 쳐다본다. 그냥 힘없이 집을 나서는 희숙.

6. 교회 주차장 / 낮

차 안에서 쇼핑백과 떡 상자 등 이것저것 꺼내는 미연. 마중 나온 젊은 부목사와 반갑게 인사한다.

부목사   오셨습니까, 집사님! (잽싸게 떡 상자 들어주며) 이리 주십쇼.

미연   (너무 반가운) 어머 부목사님? 나 진짜 지금 교회 들어오면서 속으로 기도했잖아요. 아버지, 저 짐이 너무 무거워요. 혼자 못 들어요. 근데 목사님이 딱 나오셨

네? 지금?

부목사　　제가 그 기도에 응답받고 딱 나온 거 아닙니까.

미연　　　할렐루야! 하나님 은혜다 진짜……. 안에 목사님이
　　　　　랑 다 계시죠?

7. 교회 사무실 안 / 낮

교회 당직자들에게 떡을 돌리는 미연의 모습.

미연　　　(돌아다니며 떡과 수건을 돌린다) 이사 떡이에요. 맛있게
　　　　　드시고 기도 많이 해주세요!

8. 담임 목사실 안 / 낮

담임 목사에게 기도를 받는 미연의 모습.

목사　　　주님, 우리 전미연 집사 올해 주님이 계획하신 대로
　　　　　분당에 있는 42평형 힐스테이트 아파트에 새 보금자
　　　　　리를 마련했습니다. 주님, 우리 전미연 집사, 하동욱
　　　　　집사 부부 잘 알고 계시죠? 이들의 믿음과 헌신을 기

억하시고…….

9. 병원 내 복도 / 낮

희숙이 병원 복도 의자에 앉아 반대편 의자에 앉아 있는 임신부와 그의 어린 딸을 쳐다보고 있다. 엄마의 불룩한 배에 인형을 올려놓고 노는 아이. 희숙의 얼굴에 미소가 번진다. 그러다가 아이와 눈이 마주치면 얼굴을 살짝 찡그리며 아이에게 장난을 거는 희숙. 아이도 서툴게 찡그리며 희숙에게 답한다.

간호사   (목소리만) 전희숙 님!
희숙   (고갤 돌리며) 네!

아이와 마지막으로 눈을 마주치며 복도 안쪽으로 걸어가는 희숙. 아이가 고사리 같은 손으로 들고 있던 마론 인형을 희숙에게 흔들어 보인다.

10. 미옥의 집 거실 / 낮

미옥이 겨우 잠에서 깨어나 거실로 나온다. 헐렁하게 다 늘어난 티셔츠에 팬티만 입고 있다. 헝클어진 붉은 머릴 긁적이며 속이 쓰린지 배를 살짝 움켜쥐듯 문지른다. 거실 식탁 의자 위에 쭈그려 앉는 미옥. 식탁 위 남편의 메모를 발견한다. '된장국 끓여놨어. 일어나면 꼭 챙겨 먹고 창작 활동하세요, 작가님.' 식탁 위에 차려진 소박한 밥상. 된장국을 한 숟갈 떠먹어보는 미옥. 숟가락을 식탁에 툭 던진다.

미옥   뒤지게 맛없네.

11. 교회 예배당 안 / 낮

본당 성가대석에서 성가 〈나의 하나님〉 연습을 하고 있는 미연과 성가대원들. 솔로 부분을 효정이 부르고 있고 미연이 지휘하며 효정의 음정을 잡아주고 있다.

미연   (손을 위로 하는 제스처) 아냐 더! 더! 더 올려! 자꾸 음
          플랫 된다. 효정! 둘 셋! 치고 나와야지! 베이스!

어느새 끝나 있는 성가 연습. 모두가 화기애애하게 웃고 있다. 지휘자석에 기대서서 성가대원들과 대화하는 미연.

미연	이번 주까지 특별 기도회 명단 빨리 내주시고요, 인원수 적으면 안 합니다. 주님이 다 보고 계세요, 지금. 누가 빠지는지? (미소) (맨 앞에 앉아 있는 효정 보며) 효정! 연습 많이 해 와. 다음 주에 학교 시험인 거 아는데 자꾸 음 플랫 되면 내가 시험받거든?
효정	(부끄러운 미소) 네…….
미연	(잠시 효정 보다가) 예쁘면 다야? (사람들 같이 웃으면) 이번 주 구역 예배 우리 집에서 하는 거 아시죠? 이사 예배 겸 같이 하니까 안 바쁜 분들 오세요.
이 권사	맛있는 거 많이 해?
미연	권사님 뭐? 뭐 해드릴까? 제가 우리 권사님 해달란 거 다 해줄게요.

누군가 "지휘자님 누구 오셨는데요?" 하면 모두가 예배당 끝 쪽을 향해 고갤 돌린다. 미연의 남편, 동욱이다. 동욱이 양손 가득히 간식을 들어 보인다. 환호하는 성가대원들. 뿌듯한 미소의 미연.

12. 교회 앞마당, 주차장 / 낮

사람들과 인사하며 주차장 쪽으로 걸어가는 미연과 동욱.

미연	당신 오늘 바쁘다고 하지 않았어요?
동욱	오늘 회의가 일찍 끝났어.
미연	(안타까운) 그럼 미리 연락을 주지. 목사님 기도 같이 받았으면 좋았잖아.
동욱	그래? 이렇게라도 왔으면 됐지 뭐. 잠깐 시간 빈 건데…….
미연	(같이 걷던 이 권사에게) 권사님 우리 신랑 멋있지 않아요? 부인 연습한다고 간식도 사 오고. 짱이죠?
이 권사	우리 하 집사 젠틀한 거 온 교회가 다 알지 뭐.
동욱	(주차한 차 문 열며) 아이고 권사님, 왜 그러세요?
이 권사	왜 그러긴 부러워서 그러지. 집들이 때 봐. (인사하며 사라진다)
동욱	(깍듯이 인사하며) 들어가세요! (미연 보며) 갈게! 이따 집에서 봐.
미연	(옆에서 안 보이게 쫓아오던 효정 보며) 어 효정! 남편 차 타고 가라. 아까 학교 다시 간다며?
효정	네, 그렇긴 한데……. (미연과 동욱을 번갈아 본다)
동욱	그래? 그럼 타. 도서실 쪽으로 가니?
효정	네? 네…… 그럼. (미연에게 인사하며 동욱 차에 탄다)
미연	(손 흔들며) 효정! 시험 잘 봐. 기도할게.

효정 부끄러운 미소로 인사하면 동욱 차가 교회 주차장을 떠난다.

잠깐 흐뭇한 미소 짓다가 시계 보고 서둘러 차에 오르는 미연.

13. 희숙의 꽃집 안, 희숙의 집 거실 / 낮

희숙이 자신의 핸드폰을 만지작거리다가 딸에게 전화 건다. 수신음이 길게 이어진다.

14. 희숙의 집 거실

아침에 차려놓은 음식이 그대로 식탁 위에 놓여 있다. 여전히 울려 퍼지는 펑크메탈 음악 소리가 요란하게 집 안을 가득 메우고 있다.

15. 미연의 집 거실, 침실 / 낮

미연이 음악 과외 선생과 상담 중이다. 승우, 하은은 거실 쪽에서 연주를 반복연습하고 있다. 계속해서 울리는 핸드폰 진동 소리.

선생   승우가 다른 애들에 비해 악보 해석력이나 손가락 터 치감이 예민하거든요? 그래서 제 생각엔 계속 첼로를

고집하는 것도……. (울리는 전화벨이 신경 쓰인다) 어
머니 아까부터 계속 전화 오는 거 같은데…….

미연   아! (처음 확인한 것처럼) 별거 아니에요. 괜찮습니다,
선생님.

선생   아니 계속 울리는 거 같던데, 괜찮으니까 전화 먼저
받으시고…….

미연   아 그럼 제가 진짜 죄송한데 잠깐만 실례를……. (핸
드폰 들고 밖으로 나간다)

침실로 들어와 전활 받는 미연, 침실 문을 닫으면 악기 소리 작아
진다.

미연   (급하지 않게 심호흡 한 번 하고) 여보세요? (가장 부드러
운 목소리) 미옥이니?

미옥   (잠시 소리 없다가) 어…… 왜 전화 계속 안 받아?

미연   아니 애들 음악 수업 중인데…… 시끄러워서 못 들었
어. 무슨 일이야?

미옥   무슨 일 없는데? 그냥 궁금한 게 생겨서…….

미연   (문을 살짝 열어 아이들 연주 소리에 집중하며) 어 그래,
뭐가 궁금한데?

미옥   언니 예전에 나 보러 강릉 처음 왔을 때, 멍게비빔밥
먹었던 거 기억나지?

미연   (연주 소리에 집중하다가) 뭐라고? 강릉?

미옥   나 대학교 1학년 때 언니 운전면허 처음 따서 우리 학교 기숙사까지 찾아왔잖아, 기억 안 나?

미연   아니! 그래 맞아. 그래 기억나지. 너 대학 입학하고 처음 보러 간 거잖아. 기억나지. 왜 안 나겠니, 그게…….

미옥   (소주잔에 술을 따라 마시면서) 그때 언니 초보 운전인데 나 맛있는 거 사준다고 어디 바닷가 끝까지 들어가서 길 헤매고, 왜 그때 무슨 되게 허름한 건물에 겨우겨우 식당 하나 찾았는데 난 들어가자 그러고 언닌 무섭다고 안 들어간다고 한 집 기억나?

미연   (잠깐 생각하는 듯) 그래, 그랬던 거 같네. 말도 안 되는 왜 이상한 건물에 있었잖아…… 앞엔 바닷가 보이고…….

미옥   언닌 거기서 멍게비빔밥 먹었어. 너무 맛있다고 행복하게 막 웃으면서. 난 회냉면 먹고.

미연   그랬니? (계속 문밖을 살피며) 미옥아 근데 좀 이따가…….

미옥   (말 자르며) 그 식당 이름이 기억이 안 나. 짜증 나게.

미연   (황당하지만 꾹 참고) 그게 왜 짜증이 나? 그럴 수도 있지, 오래전 일인데.

미옥   (버럭) 난 그냥 짜증이 난다고! 왜 기억이 안 나지? 와

난 진짜 병신인가?

미연   미옥아! 안 날 수도 있지 네가 왜 병신이야? 잠깐만
       있어봐, 언니가 생각 좀 해보고…….

미옥   됐어! 생각 안 나면 억지로 그러지 마! 그게 더 짜증
       나 진짜.

미연   아니 잠깐만……. (뭔가 생각난 듯) 대포항? 대포항식
       당! 미옥아 대포항식당인가 보다!

미옥   (포기한 듯) 그런 이름 아니야…… 그 식당 한번 가고
       싶은데…….

미연   (건성으로) 그래, 나중에 뭐……. (이때 "엄마!" 하며 미
       연의 아이들이 침실 문을 열고 들어온다) (일상 전화처럼)
       네 그래요. 일단 나중에 다시 전화드릴게요. (급히 전
       화를 끊는 미연, 바로 아이들 보고 웃으며) 연습 잘했어?

미옥이 끊어진 핸드폰을 쳐다보다가 소주를 따라 마신다.

16. 희숙의 꽃집 안 / 저녁

작업 테이블에 앉아 꽃바구니를 만들고 있는 희숙. 덤덤하게 작업
중인 장미꽃을 반으로 꺾어 아무렇지 않게 검지에 가시를 긋는다.
금방 손가락에 핏물이 고인다. 창가에 세워둔 작은 가지들이 인공

불빛에 그림자 지어 희숙 얼굴에 묻어난다.

17. 희숙의 집 거실 / 저녁

희숙의 딸 보미가 소파에 앉아 TV를 보며 마요네즈 튜브를 입에 대고 쪽쪽 빨아 먹고 있다. 엄마가 들어와도 눈길 한번 주지 않는 보미. 희숙이 들어와 식탁을 보면 차려놓은 음식 그대로 놓여 있다. 천천히 보미 옆에 앉는 희숙, 보미의 눈치를 살피지만 보미는 미동도 없이 TV만 보고 있다.

희숙   (같이 TV 보다가) **난 쟤 별로더라. 연기할 때 말을 너무
          작게 해. 씩씩하지 못하게…….**

이때 보미의 카톡 음이 울리고.

보미   (카톡 확인하며) 아! 씹새끼! (방으로 들어가버린다)

내동댕이쳐진 마요네즈가 소파 여기저기 묻는다. 손바닥으로 무덤덤하게 닦아내는 희숙.

어두운 거실 소파에 쭈그리고 누워 TV를 보고 있는 희숙. 보미가

펑크스타일 옷과 화장, 머릴 하고 급하게 방에서 나온다.

보미   (누워 있는 엄마 보고) 만 원만.

희숙   (일어나 앉아 주머니 뒤져 5만 원짜리 나오면) 4만 원 있
            어?

보미   ……

희숙   **농담인데…….**

보미 채가듯 돈을 쥐고 집 밖으로 나간다. 다시 누워 TV를 보는 희
숙. 방청객 웃음소리에 같이 따라 웃는 희숙.

18. 미연의 집 주방 / 저녁

온 식구가 식탁에 둘러앉아 저녁 식사를 하려 한다. 모두가 두 손
을 모으고 기도하는 자세를 잡고 있는데 막내딸 하은만 눈치를 보
며 안절부절못한다.

미연   (손 모으고 눈 감은 채) **주님, 하은이가 기도할 수 있는
            용기를 주세요.**

오빠인 승우가 기도하라고 하은이 옆구리를 찌른다. 그런 승우를

노려보는 하은.

미연   하은이 정말 오늘도 기도 못 하겠어?

하은   (승우가 더 강하게 옆구리 찌르면) 아! 하지 말라고! (울
       먹이는 하은)

미연   조용…….

하은   (억울함에 폭발한다) 아 오빠가 자꾸 나 막 때리잖아
       요!

승우   (엄마 아빠 눈치 보며) 내가 언제! 기도하라고 그냥 건
       든 건데?

동욱   하승우! (미연 가리키며 눈치 준다) 하은이 울지 말고.
       기도 진짜 못 하겠어?

아이들 계속 억울해하며 티격태격한다. 한숨을 쉬며 표정이 굳는
동욱. 여전히 미연은 눈을 감고 있다.

미연   조용. (계속 싸우는 아이들) 하나 둘 셋! (눈을 부릅뜨며
       아이들을 노려본다) 엄마 지금 셋까지 나왔다? 같이 방
       으로 들어갈래? (누그러지는 아이들, 다시 눈을 감고) 엄
       마가 기도할게. 주님 감사합니다. 오늘 우리 집 식탁
       을 축복해주시고 가족의 화목과 사랑을 지켜주셔서
       감사합니다.

19. 미옥의 작업실 / 저녁

작업실에서 소주를 마시며 노트북으로 자신이 쓴 글을 읽고 있는
미옥. 현관에 누군가 들어오는 소리가 들리자 소주병을 책상 밑으
로 숨긴다.

상준　　　(작업실 문 열며) 나 왔어. 당신 좋아하는 닭발 사 왔는
　　　　　데……. (눈치 보다가) 밥은 좀 챙겨 먹었어?

미옥　　　(모니터 보며 퉁명스럽게) 어. (상준 보며) 뭘 봐? 나가.

상준　　　(방으로 들어와 책상 밑의 소주병을 찾아낸다) 당신 배 안
　　　　　고파? 아무것도 안 먹었지 오늘?

미옥　　　(상준이 든 소주병 보며) 왜? 좀 마셨어…… 왜? 왜 그
　　　　　렇게 봐?

상준　　　(잠시 보다가) 아니 당신 뭘 또, 예쁘니까 보지 왜…….

미옥　　　(버럭 소리친다) 너! 왜 나 한심하게 보냐고!

상준　　　(잠시 보다가) 아이고 참. 뭘 좀 먹어야 될 텐데, 당신.

20. 희숙의 집 거실 / 저녁

컴컴한 어둠 속 소파 위에 쭈그려 앉아 있는 희숙. 누군가에게 전
화 건다.

엄마	(목소리만) 그래, 어쩐 일이고?
희숙	엄마…… 뭐 별일 없죠?
엄마	그래. 니 무슨 일 있나?
희숙	아뇨. 그냥…… 아빠는요?
엄마	잔다. 요샌 뭐 계속 잠만 잔다……. 보미는? 요샌 별일 없나? 이제 가출 같은 거 안 하제?
희숙	예, 괜찮아요…….
엄마	그래, 너그 아버지랑 나랑 날마다 새벽 기도 나가서 보미 아빠랑 보미 위해 기도 열심히 한다. 주님이 다 알아서 해주신다. 걱정 말고. 니도 교회 좀 열심히 나가라. 그리고 니가 교회 나가서 기도를 해야 니 가정이 바로 선다. 희숙아, 엄마 말 알아들었제?
희숙	네, 엄마…….
엄마	니 목소리 와 그라는데? 또 뭐 돈 필요하나? 보미 아빠 또 돈 해달래?
희숙	아니요…… 이제 안 그래요. 아빠 생신 때 봬요…….
엄마	그래 알았다…… 그럼 끊어라…….
희숙	(급하게) 엄마 진섭이는! 진섭이는 잘 있죠?
엄마	(얼버무리듯) 그래 뭐…… 그래 괜찮다. 끊어라…….

21. 미연의 집 침실 / 저녁

세 자매 이야기

침대에 누워 자고 있는 미연과 동욱. 스탠드 테이블에 놓인 남편의 핸드폰 불빛이 반짝거린다. 미연의 눈치를 보더니 슬그머니 핸드폰을 들고 침실 밖으로 나가는 동욱. 조용히 눈을 뜨는 미연.

22. 미옥의 집 거실, 작업실 / 저녁

새벽일을 나가는 상준이 외출복을 입고 거실로 나온다. 작업실에 쓰러져 잠들어 있는 미옥을 살핀다. 들어가서 이불을 덮어주는 상준. 미옥의 머릴 슬쩍 한번 쓰다듬고 조용히 집을 나선다. 빼꼼히 방문을 열고 쳐다보는 성운.

23. 미연의 집 주방 / 아침

빵과 우유로 아침 식사를 하는 미연의 식구들. 미연이 핸드폰 보는 남편의 눈치를 살핀다.

미연   당신 오늘 집들이 있는 거 알죠?

동욱   (핸드폰 보면서) 어, 그랬나? 몇 시?

미연   뭐야…… 지난주부터 얘기했는데? (핸드폰 신경 쓰인다) 오늘 뭐 약속 있어요?

동욱 아니, 뭐 그런 건 아닌데…….(계속 핸드폰만 본다)

미연 (동욱의 핸드폰 만지며) 당신 뭐 재미있는 거 봐요?

동욱 (순간 미연의 손을 밀치며) 왜 그래 여보? 하하 참 나. 왜
      안 하던 짓을 해?

빵을 먹던 아이들이 멈칫하며 쳐다본다.

미연 (아이들 눈치 보며) 아니, 뭐 재미있는 거 있으면 같이
      보자고…….

24. 희숙의 집 거실, 주방 / 아침

희숙이 자기 방에서 조용히 거실로 나온다. 베란다에서 담배를 태
우고 있는 보미를 본다. 민소매를 입은 뚱뚱한 몸매의 보미. 여기
저기 살들이 삐져나와 있다. 온몸엔 조잡한 문신으로 가득하다.
순간 눈이 마주치는 보미와 희숙. 담뱃재를 베란다 밖으로 튕기는
보미.

식탁에 앉아 식사를 하는 보미와 희숙. 젓가락으로 밥알을 하나씩
집어 컵 안에 든 물에 찍어서 입에 넣는 보미. 희숙이 그런 보미를
가만히 쳐다본다.

세 자매 이야기

보미   (순간 희숙 노려보며) 왜?

희숙   (애써 미소) 그렇게 먹으면 맛있어?

보미   (비웃음) 신경 꺼…….

냉장고를 열어 마요네즈와 케첩 통을 들고 자신의 방으로 들어가려는 보미.

희숙   보미야, 엄마 병원 갔다 왔는데…….

보미   뭐? 죽을병 걸렸대? (어색한 침묵)

방으로 들어가는 보미. 숟갈에 묻은 밥풀을 떼어 먹는 희숙.

25. 미옥의 거실, 작업실 / 아침

미옥이 술이 덜 깨어 부스스한 모습으로 거실로 나오는데 성운과 마주친다. 헐벗고 추한 미옥의 모습이 한심해 보인다.

미옥   (속이 쓰려 부엌 여기저길 뒤지며) 왜? 뭐 할 말 있어?

성운   (식탁에 올려논 동의서 다시 챙기며) 예? 아뇨.

미옥   네 아빠? 일 갔어? 아씨, 뭐 국도 안 끓여놓고 나갔
         대…… 넌 밥 먹었냐?

성운   아뇨, 저 뭐 별로…… 아침 잘 안 먹어요…….

미옥   오, 새끼. 너 몸 관리하냐? 여자한테 인기 끌려고?

성운   (정색하며) 아뇨……. (빠르게 현관 밖으로 나간다)

미옥   (성운 뒤통수에) 인사하고 가 인마!

현관문 앞에 서서 동의서를 보는 성운. '새 학기 학부모 면담 동의서'라고 쓰여 있다.

성운   (깊은 한숨) 하, 시발…….

26. 희숙의 꽃집 앞 골목 / 낮

꽃을 한 아름 안고 가게 앞에 서는 희숙. 문 앞에 세워놓은 화분을 다시 옆으로 힘겹게 옮기는데, 순간 배를 움켜쥐며 바닥에 풀썩 쓰러지는 희숙. 한 아름 안고 온 꽃다발이 바닥에 떨어지며 흩어진다. 희숙은 아픈 배를 움켜쥐고 꽃이 상하지 않게 하나씩 집는다. 지나가던 노인이 그런 희숙을 빤히 쳐다본다.

노인   어디가 아파요?

희숙   네? 아니요, 괜찮습니다……. (노인 계속 쳐다보면)
            예?

노인   (쳐다만 보며) 아니…… 그런데 왜 계속 그러고 있지?

희숙   아, 네…… 죄송해요…….

27. 희숙의 꽃집 안 / 낮

배를 움켜쥐고 테이블에 엎어져 있는 희숙. 이때 울리는 문자 알림 소리. 힘겹게 핸드폰 확인하면 남편에게 온 메시지다. '오늘 잠깐 들를 거야' 더욱 힘이 빠져 테이블에 고갤 묻는다. 이때 들어오는 여자 손님.

희숙   (억지로 몸을 일으키며) 어서 오세요…….

손님   꽃바구니 돼요?

희숙   그럼요. 어떤 걸로? 생일이요?

손님   네. 아빠 생신이요. (만들어진 바구니 가리키며) 이런 건 얼마나 해요?

희숙   아 그거요. (일어서다가 다시 주저앉는다)

손님   어머 괜찮으세요? 생리통 심하신가 보다.

희숙   (다시 애써 웃으며) 네…… 저 암이에요. 죄송해요. 처음 보는데…….

미연이 계산대에 음식거리를 한가득 가져와 정신없이 올려놓는다. 이때 울리는 핸드폰 소리. 미옥이다. 짧은 한숨과 함께 반갑게 전활 받는다.

미연   어, 미옥아. (음식 재료들 계속 올려놓는다)

미옥   (낮은 목소리) 난 쓰레기야……

미연   뭐, 뭐라고? (점원 눈치 보며) 미옥아, 언니가 지금 좀 바쁜데 이따가 전화할까?

미옥   난 쓰레기라고오. 왜 언닌 내가 전화하면 항상 바빠?

점원   (미연 보고) 봉투 하실 거예요?

미연   아니 그게 아니고 미옥아. (점원 흘끗 보고 작은 소리로) 혹시 지금 술 마셨니?

미옥   나 지금 멀쩡한데? 난 쓰레기라고! 내 말 무슨 말인지 알겠어?

미연   네가 왜 쓰레기야? 언니가 늘 기도하는 거 알지?

점원   (계산기 찍으며) 쓰레기봉투로 하실 거예요?

미연   (점원 보며) 저기! 지금 통화하는 거 안 보여요? 쓰레기봉투로 주세요. (미옥에게) 이거 너한테 하는 말 아니다. 언니가 맛있는 거 사서 조만간 너희 집 한번 갈게.

미옥	그럼 오늘 오면 안 돼?
미연	오늘?
점원	247,400원 나왔습니다.
미연	(점원에게 카드 건네며) 음…… 오늘은 언니가 좀 바쁜데…… (점원 보며) 저 할인 쿠폰 있어요. (지갑에서 쿠폰 빼서 건넨다) 어떡하지 미옥아?

29. 대형 마트 안 주차장, 차 안 / 낮

트렁크에 먹을거리가 잔뜩 들어 있는 박스와 봉투를 힘겹게 싣는 미연. 운전석에 올라타 한숨 돌린다. 운전대를 붙잡고 기도하는 미연.

미연	주님, 우리 미옥이가 자꾸 자신을 쓰레기라고 합니다. (뭔가 울컥 올라오는데 참는다) 다 제 잘못입니다. 그 애는 쓰레기가 아닙니다.

30. 미옥의 작업실, 상준 가게 / 낮

책상 위엔 소주병과 코 푼 휴지가 나뒹군다. 남편과 통화하는 미옥.

미옥	왜 나 안 말리고 계속 글 쓰게 했어? 내가 이렇게 재능도 없고! 병신 같은 게 당신은 좋아?
상준	(가게 일로 정신없다) 어? 그게 무슨 말이야, 여보? (점원 보고) 그거 거기에 실으면 안 돼! 백화점 바로 보낼 거야! (다시 미옥에게) 여보, 지금 바쁜데 이따가 다시 전화하면 안 될까?
미옥	죄다 시발! 바쁘다가! 뒤져버려라! (전활 끊어버린다)
상준	(짧은 한숨 후 다시 문밖을 보며) 아니, 다시 내리라고! 거기 실으면 안 된다니까! (급하게 밖으로 나가는 상준)

31. 미연의 집 주방, 현관, 거실 / 저녁

미연의 집 초인종이 울리면 급하게 음식 준비를 하다가 현관문을 여는 미연. 교회 사람들이 우르르 들어오고 반갑게 맞이한다.

교인들	(웃으며) 할렐루야!
미연	할렐루야, 어서들 오세요. 아직 차린 게 없어요.

다 같이 거실에 모여 앉아 찬송을 부르는 미연과 교회 사람들. 미연이 벽에 걸린 시계를 쳐다본다.

32. 희숙의 꽃집 안 / 저녁

꽃바구니를 정성껏 만들고 있는 희숙. 리본에 축하 인사말로 '사랑하는 아빠! 생일 축하해요!'라고 정성스럽게 쓴다. 희숙이 자꾸 히쭉거리며 알 수 없는 감정을 드러낸다.

작업 테이블 위에 정성스레 만들어진 꽃바구니. 아까 희숙이 만든 꽃바구니다. 조금 전에 주문한 여자 손님과 통화 중이다.

희숙 아 네. 그러셨어요? 네, 뭐 괜찮아요…… 안 그래도
    다른 분이 급하게 생일 바구니를 찾는 분이 계셔서.
    네. 그분한테 팔면 될 거 같아요. 네. 아닙니다……
    다음에 또 찾아주세요. 네, 네 감사합니다.

전활 끊고 꽃바구니를 쳐다보던 희숙, 순간 바구니에 달려 있던 리본을 거칠게 뜯어내어 쓰레기통에 버린다.

33. 미연의 집 거실, 현관 / 저녁

어느새 거실 중앙에 고급스럽고 정갈한 음식들이 차려져 있다. 목사님을 중심으로 교회 사람들이 둘러앉아 있다. 미연이 쟁반에 마

지막 음식을 담아서 내려놓는다.

목사   (미연 보며) 하 집사는 늦나?

미연   지금 거의 다 왔다고 문자 왔어요. 다들 배고픈데 빨
          리 기도하고 우리끼리 먼저 먹어요, 목사님.

이 권사   그래, 목사님 시장하시다. 자꾸 목사님 시험 드시게
          할래?

다들 웃는데 도어락 누르는 소리 들린다. 미연이 빠르게 현관으로
나가면 남편과 효정이 같이 들어온다. 효정, 미연 보며 아무 말 없
이 미소로 인사한다.

미연   (어색한 미소) 두 사람…… 같이 왔네?

동욱   (신발 벗으며) 어, 학교 앞에서 만났어. (효정 보며) 들
          어가자?

효정   (두 사람 눈치 보며) 네…….

이 권사   하 집사! 빨리 와요. 효정이도 왔네?

교회 사람들 동욱과 효정 반기면, 거실 안에 들어서서 자리 찾아
앉는 두 사람. 미연이 그런 두 사람을 계속 쳐다본다.

34. 희숙의 꽃집 안 / 저녁

가게 불을 끄고 우두커니 앉아 있는 희숙. 컴컴한 작업 테이블 위엔 꽃바구니가 그대로 놓여 있다.

35. 미연의 집 주방, 거실 / 저녁

식사가 끝나고 마지막 정리를 하고 있는 미연과 교회 사람들. 목사와 동욱, 남자들은 거실 한쪽에서 담소 중이고 효정과 여집사 몇 명은 부엌 식탁에 둘러앉아 효정이 끼고 있는 반지에 대해 이야기한다.

여집사 1   어머머! 진짜 예쁘다. 선물받은 거야?

여집사 2   뭘 물어봐. 애인이 해준 거지. 누구야? 뭐 하는 사람이야? 어? 빨리 불어!

효정   (쑥스러워한다) 아니에요, 그런 거…….

여집사 3   우리 아는 사람이지?

효정   (강하게 부정) 아뇨! (미연 오는 거 보며) 나중에 말할게요, 나중에…….

미연   왜? 뭐 재미있는 거 있어?

여집사 1   효정 씨 애인이 반지 사줬대요. 진짜 예뻐! 비싼 건가 봐.

효정   (슬그머니 손을 감추며) 아니에요. 그냥 싼 거. 제가 예
        뻐서 산 거예요…….

여집사 3 진짜 우리 아는 사람인가 봐? 왜 숨기고 그래?

미연   그래? 나도 좀 보자. (효정 눈 보며) 난 보면 안 되는 거
        야?

효정   아뇨, 지휘자님. (난처한 웃음) 그런 게 아니고. 진짜,
        별거 아니에요……. (어색하게 다시 손을 펼쳐 반지를 보
        여준다) 진짜 싼 건데?

미연, 어색해하는 효정을 빤히 쳐다본다. 시선을 회피하는 효정의
상기된 얼굴.

36. 희숙의 꽃집 안 / 저녁

여전히 우두커니 앉아 있는 희숙. 라디오에서 가수 이소라의 〈나
를 사랑하지 않는 그대에게〉가 흐른다. 핸드폰으로 보미와의 어릴
적 행복했던 사진들을 확인하는 희숙. 힘없는 미소가 번진다.

37. 미연의 집 서재 / 저녁

세 자매 이야기

(이소라의 노래 계속 이어지며) 미연이 집들이 중에 남편의 서재로 조용히 들어온다. 옷걸이에 걸려 있는 남편의 외투와 목도리를 집어 냄새를 맡아본다. 낯선 향기가 느껴지는지 표정이 싸늘하게 변하는 미연, 눈이 빨갛게 충혈된다. 애써 침착하게 감정을 드러내지 않는 미연, 밖에선 사람들의 웃음소리가 들린다.

38. 미옥의 작업실 / 저녁

자신의 한쪽 머릴 움켜쥐고 책상 앞에 쪼그려 앉아 모니터를 노려보며 자신이 쓴 글을 하나씩 지우기 시작한다. 자조하듯 히쭉대는 미옥. 티슈를 뽑아 코를 푼 다음 아무렇지 않게 바닥에 던진다.

39. 미연의 집 서재 / 저녁

컴컴한 서재에 우두커니 서 있는 미연. "전 집사 어딨어?!" 누군가의 소리에 금방 아무렇지 않은 듯 문을 나선다.

40. 미옥의 집 작업실, 거실, 현관 / 저녁

미옥이 연극 연출과 전화로 말다툼하며 나갈 준비를 한다. 그사이 성운이 방에서 나와 미옥을 보고 있다.

미옥   아 됐고! 걔들이 솔직히 뭘 알아! (거실 여기저기 지갑을 찾는다) 어디서 수준도 안 되는 것들 모아놓고……. (성운 보고) 야 내 지갑 못 봤냐? (버럭) 아씨 진짜! 선배가 알아서 해! 아 됐고, 내가 갈게 지금! (전화 끊는다)

이때 밖에서 들어오는 상준, 성운과 미옥을 보며 눈치를 살핀다.

상준   당신 나가려고? 나 한방통닭 사 왔는데…….
미옥   (지갑 찾다가 상준 보고) 나 카드 줘봐……. 카드 좀 달라고 나갔다 오게!
상준   (카드 건네며) 이 시간에? 누구 만나는데?
미옥   (카드 뺏으며) 연출 만나러. 금방 갔다 올 거야.

남편을 밀치며 나가려는데 웃으며 현관을 막아서는 남편.

상준   (벽시계 확인하며) 지금은 너무 늦었다. 9시 넘었는데? (미옥의 어깨 감싸며) 내일 가자. 내가 내일 일찍 가게 일 빼고 올게.

미옥   (남편의 손을 치며) 비키라고! 나 지금 가서 만나야 돼.
      아 나오라고!
상준   오늘 또 나가면 간만에 연극하는 친구들 만나는데,
      술 먹을 거 아냐?
미옥   (남편 확 밀치며) 술 안 먹어!

남편이 현관문 틈에 걸려 넘어진다. 팔꿈치를 붙잡고 고통을 참는
상준. 미옥이 황당해하며 한숨을 뱉는다.

미옥   (신발 신으며) 아휴, 진짜! 등치는 산만 한 게. 괜찮아?
상준   (팔꿈치 붙잡고 실없이 웃으며) 어, 괜찮아…… 여보…….
      괜찮아.
미옥   (현관문 나서며) 당신이 성운이 밥 차려줘.
상준   여보! 그럼 내가 데려다줄게! 여보! (거실에 서 있는 성
      운 보며) 너 그럼 통닭 먹고 있어! (현관 나서며) 여보!
      그렇게 화나서 가면 안 된다니까, 여보!

성운이 못마땅한 표정으로 상준이 나간 현관문을 쳐다본다.

41. 술집 안 / 저녁

미옥이 씩씩거리며 술집으로 들어간다. 연극배우 후배들이 그런 미옥을 쳐다본다.

미옥   뭘 쳐다만 봐? 인사 안 하냐?

후배들   (고개만 까딱거리며) 네…… 안녕하세요.

철호   왔냐? 왔으면 앉아. 서서 얘기할 거야?

배우들 슬슬 눈치 보면서 하나둘 일어난다.

배우   연출님 저흰 먼저 일어나겠습니다.

철호   그래, 니들끼리 한잔하든지…… 들어가.

배우들 미옥에게 꾸벅하며 나가려는데,

미옥   야! 니들이 지금 하고 있는 게 예술 하는 거 같지? (배
       우들 미옥 쳐다보면) 뭘 쳐다봐? (눈물이 울컥 올라온다)
       난 집에서 대사 한 줄 쓰는 데 밤새운 적도 있어! 니
       들이 뭔데! 내 작품을 평가해! 맘대로 쉽게 고치고!
       니들이 뭔데!

철호   애들은 아니야. 신입들이야. 알고 신경질을 내든지
       해라 인마…….

미옥   (태도 돌변) 오, 미안해 애들아…… 오늘 우리 처음 본

거지?

42. 술집 앞 거리 / 저녁

상준이 술집 길 건너 바닥에 쪼그려 앉아 미옥과 철호가 있는 술집을 쳐다보고 있다.

43. 술집 안 / 저녁

철호와 미옥이 술잔을 기울이고 있다. 철호가 창문 너머 보이는 상준을 의식한다.

철호   (소주 한잔 털어 넣으며) 네 남편 뭐냐? 저기서?

미옥   뭘 뭐야. 나 기다리는 거지……. (창밖 상준 보며 가라는 손짓) 아! 가라고.

상준은 웃으며 미옥에게 손 흔들어준다.

철호   (빈 소주잔 채우며) 좋냐? 야채 가게 사장이랑 결혼해서?

미옥	왜? 뭐가? 선배가 우리 부부에 대해서 뭐 알아?
철호	아니 저 양반이 솔직히 너랑 말이 통하냐, 철학이 통하냐? 선거 때 자유당 찍는다매? 너 막말로 시집갈 때 돈 때문에 간다고 대학로에 소문 쫙 깔렸었어.

44. 희숙의 꽃집 안 / 저녁

희숙은 여전히 컴컴한 꽃집 안에 앉아 있다. 유리문 밖에서 누군가 기웃거리더니 꽃집 안으로 들어온다. 굳은 표정의 희숙. 남편이 그런 희숙을 빤히 쳐다본다.

정범	뭐 하냐? 불 꺼놓고?
희숙	(중얼거리듯) 전기세가 많이 나오니까…… 이것저것 낼 게 많고.

정범이 희숙 옆에 앉으며 얼굴을 들여다본다. 그 시선이 불편한 희숙.

정범	얼굴에 뭐 좀 발라라. 여자가 얼굴이 뭐냐 이게? 여기서 꽃 사고 싶겠냐? 인간들이? 주인장 얼굴이 개똥같이 썩어 있는데?

희숙   (웃음) 발라요. 진짜 바르는데…… 이것저것…….

45. 술집 안 / 저녁

어느새 소주병이 상 위에 즐비하다. 만취한 미옥이 철호에게 버럭 소리친다.

미옥   (벌떡 일어서며) 야! 윤철호! 이 먹물 새끼야! 예술이 뭔데? 너 아냐? 어차피 너나 나나 다 쓰레기야……. 내 남편이 얼마나 힘든 줄 알아? 예술을 몰라요, 그 새끼는. 그래서 나 같은 쓰레기랑 사는 거야, 졸라 착해서. 아냐? 네가 뭔데 내 남편 욕해?! 그래서 내가 너랑 안 사귄 거야. 재수 없어서.

상준이 급하게 뛰어 들어와 미옥을 붙잡고 말린다.

상준   (미옥 붙잡으며) 당신 왜 그래? 또 술 많이 먹었구나. 에구 참. 안주 많이 먹어야 안 취한다니까……. (철호 보며) 죄송합니다…… 원래 잘 이러지 않는데, 술 마실 때 안주를 안 먹어서…… 참. (철호 괜찮다며 손짓한다)

미옥	(남편 얼굴 밀치며) 야! 됐어, 너도 필요 없어. 나 안주 많이 먹었고! 너 윤철호 앞으로 나랑 작품 같이 하지 마! 내가 시발 안 할 거야! 너랑. 알았어?
상준	당신 왜 그래, 연출님한테……. (철호 보고) 죄송합니다. 먼저 들어가보겠습니다. 술 취해서 제정신이 아니네요…….
철호	(예의상 웃으면서) 네. 아니에요, 괜찮아요. 들어가세요.
상준	(정중히 인사하며) 앞으로도 잘 부탁드립니다.
철호	(순간 정색하며) 네? 뭘요? 뭘 잘 부탁드려요?
상준	(당황하며) 아니 연출님이시니까…… 앞으로도 우리 와이프랑 잘해주십사 하고…… 하하하, 죄송합니다…….
철호	저기요! 내가 뭘 잘해줘요? (버럭 소리친다) 내가 뭔데! 뭘! 어떤 걸 잘해줘요! 아 됐고요. 알았으니까 가세요……. (다시 자리에 앉아 소주를 들이켠다)

상준, 어정쩡하게 인사하며 축 늘어진 미옥을 끌어안고 술집에서 나온다.

46. 희숙의 꽃집 안 / 저녁

정범이 희숙의 웃옷을 들어 올린다. 늘어진 뱃살을 손으로 움켜쥐는 정범. 어쩔 줄 몰라 하는 희숙.

정범   (뱃살 쥐고 흔들며) 이거 어쩔 건데? 나중에 썰어서 국
          끓여 먹게?

희숙   아니…… 빼고 있어요. (웃음) 진짜 빼고 있는데?

정범   빼기는. 이거 늘어지는 거 이거 안 보여? 좀 인간답게
          살자 희숙아.

희숙   (책상 서랍에서 준비된 봉투를 꺼내며) 이거…….

정범   (봉투 받으며) 어. (봉투 확인) 이번 달은 좀 비네?

희숙   (웃음) 그래서 불 끄고 있잖아요. 먹고살기 힘들어요,
          진짜…….

47. 상준의 차 안 / 저녁

돌아오는 차 안. 미옥이 창가에 고갤 박고 가다가 눈가의 눈물과 콧물을 훔친다.

상준   (운전하다가) 당신 왜 그래? 울어? 아휴…… 그 연출
          이 당신 글이 그렇게 맘에 안 든대? (눈치 보다가) 다
          시 좀 재밌게 고쳐서, 그렇게 잘 하면 안 되나?

미옥	(창밖 보고) 내가…… 당신한테 많이 미안해. 내가 진
	짜로 당신한테 죄가 많다. 미안해 진짜…….
상준	(황당한 웃음) 아니 당신이 나한테 뭐가 미안해? 우리
	마누라처럼 멋진 여자가 어디 있다고? 참 나. (기분이
	좋아진다) 당신 속 안 쓰려? 해장국 한 그릇 먹고 들어
	갈까? 우리 가게 근처에 전주해장국이라고 콩나물국
	밥, 선지해장국…….
미옥	(말 자르며) 아니 됐고! 내가 미안한 건 미안한 거
	야…….

다시 어색해진 차 안 공기. 미옥이 차 안의 각 티슈에서 휴지를 뽑아 코를 푼다.

48. 미옥의 집 침실, 거실 / 저녁

미옥이 쓰러지듯 침대에 눕는다. 상준은 그런 미옥에게 이불을 덮어준다.

상준	그럼 자. 나 가게 나갈게…….
미옥	(눈 감은 채로) 당신 많이 바빠?
상준	(핸드폰 시계 보며) 어? 새벽에 물건 좀 일찍 들어올 게

있긴 한데 뭐…… 조금 시간 돼…… 왜?

미옥   우리 그럼 한번 할까?

상준   (반가움에) 어…… 그래? 그럼 그럴까?

미옥   당신 시간 괜찮으면…….

상준   아 무조건 되지!

허겁지겁 옷을 벗고 팬티만 입은 채 이불 속으로 빠르게 들어가는
상준.

상준   우리 마누라 한번 오랜만에 안아볼까.

미옥   (순간 상준을 밀어내며) 잠깐! 이거 무슨 냄새야?

상준   (코를 킁킁거리며) 뭐? 무슨 냄새?

미옥   (상준 몸의 냄새 맡으며) 아 당신 무슨 쉰내 나.

상준   그래? 오늘 홍시 나른 거 땜에 그런가? 몇 개 상한 게
       좀 깨져가지고…… 빨리 씻고 올게.

미옥   (등 돌리며) 아냐, 됐어…… 나 지금 속 안 좋아. 그냥
       잘래.

이불 뒤집어쓰는 미옥.

상준   (미옥 등에 대고) 그래 그럼 자……. (나가려는데)

미옥   (이불 뒤집어쓴 채로) 여보. 나 당신 착해서 결혼한 거

야…… 돈 때문에 한 거 아니고…….

상준 아무 말 없이 미옥의 등을 톡톡 토닥이고 나간다.

cut to

거실로 걸어 나오는 상준. 식탁에 손을 올리며 허탈한 미소를 짓는다. 이때 성운이 자기 방에서 나온다.

성운   아빠 있었네? 저 라면 좀 끓여줘요.
상준   (정색하며 쳐다본다) 네가 끓여 먹어. 넌 손 없어? 아까
        한방통닭 먹으랬잖아.
성운   아니…… 나 한방통닭 싫어하는데……. 프라이드 아
        니면 안 먹는 거 알잖아.

서운한 표정의 성운. 쓸쓸한 상준이 주방으로 걸어간다. 냄비 꺼내는 소리.

상준   (목소리만) 몇 개!

49. 희숙의 집 거실 / 저녁

불안정하게 거실에 서 있던 희숙. 그러다 베란다로 가서 화분에 심긴 장미꽃을 거칠게 뽑아낸다. 그리곤 반으로 꺾어 장미꽃 가지의 가시 부분을 손끝으로 잡는다. 자신의 롱스커트를 걷어 올리더니 꾸부정하게 서서 허벅지 안쪽 부분을 사정없이 가시로 긁는다. 고통스런 신음 소리가 옅게 삐져나온다. 이때 현관문 열리는 소리가 나더니 보미가 들어온다. 얼른 치마를 내리고 들고 있는 장미 가지를 뒤로 숨기며 아무렇지 않게 서 있는 희숙. 보미가 바닥에 흩어진 장미꽃 잔해와 희숙을 쳐다본다. 스커트 안쪽에서 핏물이 종아리를 타고 툭툭 떨어진다.

보미   (희숙을 노려보더니) 계속해. 왜? (방으로 들어가 문을 쾅
             닫는다)

희숙이 손에 꽉 쥐고 있는 장미 가지에도 핏물이 맺힌다.

50. 미연의 차 안 / 낮

동욱이 운전을 하고 그 옆에서 미연은 각종 헌금 봉투에 돈을 넣고 있다.

미연   (뒤에 앉아 있는 아이들에게 봉투들 건네며) 오늘 가자마

자 헌금들 먼저 내? 지난주처럼 깜박하고 도로 가져
오지 말고?

미연이 아이들에게 봉투 건네면 성경책 사이에 끼워 넣는 아이들.
남편의 눈치를 살피는 미연.

미연	당신 근데 십일조 액수가 좀 비던데? 어디 뭐 딴 데 썼어요?
동욱	아니! 그럴 리가 없는데? 내 월급 통장에서 바로 뺀 거 아니야?
미연	아니 당신 이번 달 특강료 따로 받을 거 있다고 그러지 않았어요? 따로 쓴 건 상관없는데 당신이 괜히 십일조 깜빡한 건가 싶어서…….
동욱	(애써 침착하게) 아 그거? 그게 있었지, 맞아…….
미연	특강료 그럼 딴 데 쓴 거예요?
동욱	어? 뭐 경조사 이런 거 나갈 게 있어 가지고…….
미연	경조사 누구? (계속 쳐다보며) 말하기 그러면 안 해도 돼요…….
동욱	(우물쭈물하다) 어. 그게. 좀…… 말하기 좀 그러긴 해.
미연	그래요? (카 오디오를 켠다)

차 안에 〈나의 하나님〉이 흐른다.

51. 희숙의 집 방, 거실 / 낮

거실로 나가는 희숙. 바닥에 흩어진 나뭇가지와 흙가루를 치우기 시작한다. 이때 보미 방에서 들리는 괴성. "야 씹새꺄! 왜 전화 안 받아! 왜!" 누군가와 전화로 싸우는 소리. 희숙이 보미 방 쪽으로 조용히 다가간다. 이내 흐느끼기 시작하는 보미의 소리.

보미   (상대에게 울면서 매달린다) 알았어…… 알았다고. 내가 잘못했다고 시발놈아…… 오늘 나 만날 거야? 아 그럼 언제 만날 건데!

방문 앞에 가까이 다가가 보미의 말에 귀 기울이는 희숙, 안타까움에 미간이 저절로 찡그려진다. 이때 문을 확 열고 나오는 보미, 희숙과 마주친다.

보미   (촉촉해진 눈으로 희숙 노려보며) 뭐야?

희숙   어? 아니야…….

보미   (자지러지게 소리친다) 뭐냐고!

희숙   아니…… 엄마 어저께…… 화분 치우다가 거실에 좀 흘린 거야…… 그랬다고. 뭔가 오해하고 그런 거 아니지?

순간 눈물이 핑 도는 보미, 희숙 옷에 묻은 핏자국을 쳐다본다. 거실에 있던 꽃병에 든 물을 희숙 몸에 뿌린다. 놀라서 어쩔 줄 몰라하는 희숙.

보미   **당신 핏자국이나 닦아.**

보미는 그대로 침대로 가 풀썩 엎어진다. 희숙은 물 묻은 옷을 손으로 훔치며 거실에 남은 잔재를 치우기 시작한다.

.

52. 교회 예배당 안 / 낮

성가대석에서 목사님 설교 말씀을 듣고 있는 미연. 미연 옆자리에 앉아 있는 성가대원이 미연을 툭툭 건드리며 어딘가 가리키면, 2층 예배실 난간 쪽에서 술에 취한 듯 보이는 미옥이 미연을 향해 손을 흔들며 웃는다. 미연, 잠깐 미옥과 눈 마주치더니 모르는 척 다시 목사님을 쳐다본다. 미옥, 뭐가 그리 좋은지 한 손으론 새우깡을 먹으며 싱글벙글하다.

cut to

제일 큰 소리로 울부짖으며 기도하는 미옥. 다른 성도들이 기도하다가 미옥을 쳐다본다.

cut to

찬송을 열심히 부르는 미옥. 옆에 앉은 나이 많으신 권사님이 환하게 미소 지으며 미옥을 쳐다본다. 미옥도 웃으며 권사님을 쳐다본다.

미옥   (새우깡 건네며) 이것 좀 드실래요?

cut to

예배가 끝난 후 미옥이 예배당 입구에 서서 미연을 기다린다. 교회 담임 목사, 당직자들과 나란히 서서 인사하고 있는 미옥.

목사   (미옥 보고 웃으며) 어휴, 누구시지?
미옥   저요? 안녕하세요…… 전미연 집사 동생인데……
               성가대 지휘자요……. (미연 보고 손 흔들며) 언니!

미연이 자기 앞으로 걸어오자 좋아서 손을 흔드는 미옥. 그런데 미연이 목사님께 인사하며 빠르게 미옥을 지나쳐 바로 교회 밖으로 나간다. 쫓아가는 미옥.

53. 교회 뒤편 골목길 / 낮

미연이 마주치는 교회 사람들과 반갑게 인사하며 빠르게 골목 쪽으로 걸어간다. 뒤쫓아 오는 미옥, 술이 알딸딸해 걷는 게 힘들다.

미옥   (점점 짜증이 난다) 언니 어디 가! 언니! 야! 전미연!

미연이 골목 안쪽으로 들어가 주변에 아무도 없는 걸 확인하고 미옥의 손을 잡고 끌어당긴다.

미옥   (눈치 보며) 언니 왜 그래? 나 언니 보고 싶어서 왔는
            데? 지금 나 창피하냐?

미연, 미옥이 쥐고 있는 새우깡을 쳐다본다.

미연   (미옥의 얼굴 만져주며) 밥은 먹었어?

미옥, 웃으며 고갤 좌우로 절레절레 흔든다.

54. 칼국숫집 / 낮

미옥, 허겁지겁 얼큰한 칼국수를 앞 접시에 덜어 먹으며 좋아한다.

미옥	와! 진짜 맛있다. 언닌 왜 안 먹어?
미연	(미소 지으며) 너 먹는 거 보는 게 좋아서. 그래서 그때 그 식당 이름 기억났어?
미옥	(뭔 말인지 알 수 없는 표정) 무슨 식당?
미연	어? 아니야…… 빨리 먹어. 언니 성가 연습 가야 돼.
미옥	언니, 나 이번에 아빠 생일날 안 내려가면 안 되나?
미연	왜 또? 식당까지 다 빌렸는데! 너 저번 추석 때도 공연한다고 안 내려와서 아빠가 진짜 서운해했어, 너.
미옥	알았어, 가면 되잖아……. 큰언니는? 아빠 생일날 내려온대?
미연	몰라. 내려오든지 말든지. 전화도 한 통 없고 진짜……. 왜 나 혼자 아빠 생일 다 챙겨야 돼? 막말로 결혼할 때 나보다 언니가 돈도 더 많이 가져갔지! 혼수도 죄다 백화점에서만 사고! 난 아웃렛 할인 매장에서 샀어! 신상 없이 싹 다 이월 상품으로…….

| 미옥 | 그때 큰언니 시댁에서 지랄 맞게 따졌다며…….

| 미연 | 그러니까 누가 그런 그지 같은! (주위 살피다가 좀 작게) 데로 시집가래?

| 미옥 | 큰언니 아직도 언니 돈 못 갚았지?

| 미연 | 왜? 언니가 제부 돈은 갚았어?

| 미옥 | 아니, 우리야 뭐…… 얼마 안 되니까. 상준 씬 그렇게 받을 생각도 없고.

| 미연 | 그러니까 언니는 진짜 이상해! 내가 언제 돈 갚으라고 재촉했니? 괜히 눈치 주는 거 같아서 전화도 먼저 안 하는데. 그럼 지가 나한테 전화라도 한 통 해야 되는 거 아니냐? 상황이 어떻다고? 아주 옛날부터 나만 나쁜 년 만들고. 솔직히 까놓고 언니가 너랑 나한테 뭐 해줬냐? 말해봐, 뭐 받은 거 있어?

| 미옥 | 그래도 난 용돈 몇 번 받았는데? 큰언니 직장 다닐 때.

| 미연 | (좀 수그러지며) 나도 있지, 몇 번 있기는…….

| 미옥 | 그리고 불쌍하잖아, 큰언닌…….

| 미연 | 불쌍하긴…… 다 본인이 선택한 거야. 누가 형부랑 결혼하라고 등 떠밀었냐? 암튼 난 형부한테 준 돈은 다 받을 거야. 이혼도 안 했으면서 경우가 없어 사람이 아주…… 남의 돈이 그렇게 우스워?

| 미옥 | 아니 그런 거 말고 큰언니가 우리 중에 제일 그러지

않았나? 집에서?

미연   (미옥 잠깐 쳐다보다가) 다 내 탓이야…… 내가 중간에
       서 못해서 그래…….

미옥   언니가 뭐…… 근데 진섭이는 요즘 괜찮나? 문제없
       대?

미연   괜찮아 지금, 아무 문제없어. 요즘 밥도 잘 먹고. 전
       에 나 갔을 때 얼굴도 많이 좋아졌었어.

미옥   난 또 내려가기 좀 그런 게…… 진섭이 또 괜히 그
       러고 있는 거 보면 속 뒤집힐 거 같아서…… 두 늙
       은이들…… 말년에 고생하는 꼴 보는 것도 안쓰럽
       고…….

미연   너도 앞으론 엄마 아빠한테 잘해 그러니까. 사시면
       얼마나 사시겠냐?

미옥   (칼국수 먹다가 처음으로 미연을 똑바로 응시하며) 언닌
       진짜 효녀다…….

55. 교회 예배당 / 낮

성가 연습을 위해 급하게 들어오는 미연, 이미 모여 있는 성가대원
들이 삼삼오오 떠들고 있다.

미연	늦어서 죄송합니다. 바로 시작할게요. (효정이 보이지 않는다) 근데 효정이가 안 보이네?

그제야 효정이 없는 걸 인식한 성가대원들.

여집사 2	아까 맞다! 예배 끝나고 성가복 넣으러 갔는데, 전화 해볼까요?
미연	아 그래요? 그럼 나 잠깐 교회 사무실 좀 갔다 올게요. 악보도 하나 복사할 게 있어서…… (반주자 보며) 목 좀 풀고 있어?

56. 교회 지하 복도 / 낮

미연이 교회 지하로 내려와 복도를 둘러보며 가장 구석에 있는 성가대실 쪽으로 걸어간다.

⟨FLASH BACK⟩
어린 미연의 뒷모습. 허름한 다방으로 들어선다.

⟨현재⟩
성가대실 손잡이를 잡는 미연, 조심스럽게 손잡이를 돌린다.

〈FLASH BACK〉

어린 미연이 허름한 다방 문을 천천히 연다.

〈현재〉

천천히 성가대실 안쪽으로 들어서는 미연, 주변을 살피는데 아무
도 보이지 않는다. 성가대 안쪽 창고에서 살짝 여자의 웃음소리가
새어 나온다. 그곳을 향해 무겁게 발걸음을 옮기는 미연. 창고로
이어진 작은 창문 틈 사이로 남편의 뒷모습이 보인다. 남편이 누군
가를 안고 있는 것처럼 보이는데 살짝 돌아서자 효정의 허릴 감싸
고 목덜미에 키스를 하는 동욱. 효정이 간지럽다며 웃음을 억지로
참는다.

〈FLASH BACK〉

구석 자리에서 다방 마담 옷소매에 손을 넣고 낄낄거리는 남자의
뒷모습. 마담이 돌아보더니 "넌 누구니?" 하자 당혹감에 다방을
뛰쳐나가는 어린 미연.

〈현재〉

미연이 성가대실을 빠져나와 지하 복도를 허겁지겁 나선다.

57. 교회 예배당 / 낮

성가 연습 중인 성가대원들과 미연, 평소처럼 열정적인 모습은 보이지 않고 가만히 지휘자석에 서서 악보만 쳐다보고 있다. 눈치를 보며 노랠 부르는 성가대원들과 효정. 노래가 끝이 나면 모두가 미연의 눈치만 살핀다.

미연   (악보 덮으며) 네, 수고 많으셨습니다. 다들 이번 주 기도회 때 봬요. (나가려다 효정을 보고 미소 지으며) 효정도 오지?

효정   (해맑은 미소) 그럼요.

미연   그래…….

먼저 예배당을 빠져나가는 미연.

58. 블러드풉 소공연장 안 / 낮

희숙이 지하 공연장으로 천천히 내려가면 굉음과도 같은 연주 소리가 들린다. 미친 듯이 날뛰는 병구. 하지만 공연장 안은 관객도 없이 텅텅 비어 있다.

병구   (마이크를 잡아먹을 듯) 피똥 싸! 피똥 싸! 피똥 싸! 내 똥구녕을 찢어 다 가져가!

계속 무한 반복되는 노랫말과 연주. 걷잡을 수 없는 흥분과 땀으로 공연장이 터져 나갈 듯하다. 흥분을 주체 못 하는 병구가 마이크로 자신의 머릴 내려찍기 시작한다. 이마가 터져 피가 쏟아지고 더욱 큰 괴성을 지른다. 결국 자신의 모든 에너지를 쏟아낸 병구가 그 자리에 풀썩 쓰러진다. 몇 없는 관객들이 썰렁한 박수를 보낸다.

공연이 끝난 후 악기 정리를 하고 있는 '블러드품' 멤버들. 무대 한 쪽 귀퉁이에 앉아 있는 희숙을 힐끔힐끔 쳐다본다. 수건으로 대충 이마의 피를 막고 있는 병구가 희숙을 뚫어지게 쳐다본다. 희숙은 이 모든 상황이 불편하고 어색하기만 하다.

병구	(담배에 불을 붙이며) 진짜 보미 엄마예요?
희숙	(고개를 끄덕이다가) 네…….
병구	보미랑 완전 다르시네? 느낌이? (담배 한 모금 빨다가) 담배 태우시나……요?
희숙	아뇨……. (어색한 침묵) 우리 딸 사랑하세요? (웃음) 죄송해요, 너무 갑자기.
병구	아, 오케이. 그런 거 땜에 오셨구나? 근데 걱정 마세요. 저 보미랑 자고 뭐 그런 관계 아닌데? 미성년자랑 그러면 안 되죠. 쇠고랑 차지.
희숙	예……. (병구 쳐다보다가) 그럼 우리 보미 별로예요?
병구	뭐 별로고 자시고 할 것도 없는데? 나 좋다고 환장한

애들 중에 하나예요, 그냥. 아 미안해요. 내가 말을 좀 싸가지 없게 해서.

희숙 안 아파요? (피 묻은 수건 쳐다보며) 그래도 마음은 편하죠? 왜 편한진 몰라도 그냥 잠시 동안은 편하지……. (갑자기 병구를 향해 무릎을 꿇는 희숙) 그쪽이 좋은 사람인 거 알아요…… 근데 우리 보미는 더 좋은 사람 만나야 돼요. (눈물이 차오른다) 죄송해요. 초면에 이런 말 해서……. (웃음) 근데 우리 보미는 진짜 착한 사람 만나야 돼요……. 죄송해요, 그쪽도 좋은 사람인데…… 죄송해요…….

계속 웃으며 눈물을 흘리는 희숙, 당황하는 병구와 멤버들. 어쩔 줄 몰라 한다.

59. 교회 강당 안 / 저녁

찬양 집회가 한창인 대예배실. 성가대원들과 미연이 찬양 집회 인도자를 따라 손을 들고 은혜롭게 찬양을 부른다. 효정도 기도하는 모습으로 절절하게 찬양을 부른다. 미연이 그런 그녀를 굳은 표정으로 쳐다본다.

세 자매 이야기

cut to

인도자를 따라 통성으로 기도하는 성가대원들. 모두 은혜가 가득한 표정들이다.

인도자   자, 지금부터 두 사람씩 짝을 지으세요. 그리고 서로의 기도 제목을 나누시고 중보하는 시간을 갖겠습니다.

미연이 재빨리 효정에게 다가간다. 효정이 애써 웃으며 미연을 맞이한다.

미연   (웃으며 효정의 두 손을 잡는다) 기도해주고 싶어서…….

효정   (숙연하다) 감사합니다…….

미연   요즘 나 때문에 많이 힘들지? 솔로 연습 때문에 스트레스 받고…….

효정   아니에요…… 저 때문에 지휘자님이 더 힘드시죠……. 학교 논문 때문에 연습도 많이 못 하고 죄송해요……. 남은 기간 정말 열심히 할게요…….

미연   (애써 미소 지으며) 나누고 싶은 기도 제목 있어? 어떤 거든 진심으로 다 들어줄게, 얘기해봐…….

효정   (머뭇거리다가 눈물이 맺힌다) 그게요…… 아 왜 눈물 나려고 하지? (눈물을 참기 위해 노력한다) 아 죄송해요…… 잠시만…… 아 왜 이러지?

미연   (더욱 효정을 간절히 바라보며) 정말 무슨 걱정이 있구
          나? (잡은 손을 더욱 따뜻하게 감싸주며) 괜찮아. 난 다
          들어줄 수 있어…….

효정   사실은…… (참았던 눈물이 왈칵 쏟아지며) 우리 아빠가
          몸이 많이 안 좋으세요…… 원래 젊을 때 고생을 많
          이 하셔서 허리랑 목이 안 좋으셨는데…… 요즘 부쩍
          밥도 잘 못 드시고. 아빠 피곤하다고 누워만 있는 거
          보면 맘이 너무 아파요. (눈물 콧물 범벅이다) 죄송해
          요…….

미연   그리고…… 또 없어?

효정   네…… 지금은 아빠 걱정뿐이에요…….

미연   (잠깐 효정을 쳐다보다가) 기도하자.

미연이 효정의 두 손을 꼭 붙들고 크게 울부짖으며 통성으로 기도
해준다. 그 소리에 효정은 감동하여 더욱 크게 운다. 기도가 끝이
나면 미연이 빠르게 자신의 옷소매로 맺힌 눈물을 닦아낸다.

효정   정말 감사합니다, 지휘자님……. 지휘자님은 기도
          제목 있으세요?

미연   음…… 내가 효정이한테 기도는 못 받겠다……. (안
          아주며) 좀 이따 봐.

빠르게 그 자릴 피하는 미연, 눈물을 훔치며 어리둥절한 효정.

cut to

어느새 모두가 잠이 들어 큰 강당은 고요하고 컴컴하다. 이불을 턱 밑까지 덮고 자는 효정. 미연이 조용히 효정에게 다가가 내려다본 다. 순간 자고 있는 효정의 허벅지를 세게 꾹 밟아버린다. 놀라서 벌떡 일어나는 효정. 미연이 무섭게 노려본다.

미연   (작고 낮은 목소리로) 이불 써…….
효정   네?
미연   누워서 이불 뒤집어쓰라고.

효정 멍하니 가만히 있다가 누워서 다시 이불을 덮는다.

미연   얼굴까지 덮으라고.

효정 천천히 이불을 얼굴까지 덮는다. 바르르 떠는 효정. 순간 얼 굴을 세게 두 번 걷어차는 미연, 효정이 소리치자 얼른 감싼 이불 로 입을 틀어막는 미연.

미연   내일 아침 먹기 전까지 반지 갖다 놔.

유유히 다시 자기 자리로 돌아가 눕는 미연.

60. 교회 내 식당 / 아침

식당에 늦은 아침을 먹으러 나온 미연. 식판에 밥을 타고 주위를 둘러보는데 사람들이 거의 없다.

남집사   (식판 치우며) 왜 이렇게 늦게 드세요?

미연   몸이 좀 안 좋아서 늦잠 잤어요. 다들 식사하셨나 보네?

남집사   네, 제가 마지막이에요. 아니 근데 효정 씨 많이 아픈 거 같던데? 얼굴이 엄청 부은 거 같더라고요.

미연   아 그래요? (자리에 앉으며) 왜! 어디가 아프지?

남집사   그러니까요. 지금 이 권사님 차 타고 병원 간다고 하더라고요. 그럼 천천히 맛있게 드세요.

미연   네, 집사님.

남집사가 나가면 표정이 바로 굳는 미연, 조용히 식사 기도를 한다. 누군가 지나가는 인기척 소리. 눈을 뜨면 식판 옆에 놓인 효정의 반지.

효정과 이 권사, 주차장 차 앞에 서 있다. 여자 성가대원들이 효정을 걱정하며 배웅하고 있다. 효정 모자를 꾹 눌러쓰고 있는데 표정은 썩어 있다. 이때 미연이 뛰어오며 소리친다. "효정아!"

미연   (걱정하는 표정으로 효정 얼굴 살피며) 왜 그래? 어디 아파?

효정 아무 말 못 하며 쭈뼛거리면 미연이 효정을 차에 태워준다.

미연   (문 앞에 서서) 그래 오늘 푹 쉬고…… 내일 솔로 해야
         되니까. 컨디션 조절 잘해 와. 알았지? (아무 말 못 하
         고 있는 효정) 알았어?
효정   (모자 더욱 푹 눌러쓰며) 네.
미연   그래! 그래야지…… 내가 기도 많이 할게. (앞 좌석 보
         며) 권사님 조심 운전 하세요.

미연과 성가대원들이 떠나는 자동차를 쳐다본다.

미연   (성가대원들 향해) 자! 우리도 정리하고 집에 갑시다!

미연과 성가대원들이 다시 예배실 쪽으로 향한다. 다시 슬쩍 돌아보는 미연.

미연   (혼잣말로) 아버지.

62. 미옥의 집 성운 방 / 낮

성운이 방에서 열심히 필기 중이다. 미옥이 곶감이 담긴 접시를 성운 책상 위에 올려놓는다. 미옥 얼굴 한번 보고 다시 공부에 열중하는 성운. 미옥이 먼저 곶감을 하나 집어 먹으며 그런 성운을 쳐다본다.

미옥   안 먹냐? 먹어봐, 디게 달어…….

성운   예, 이따가…… 근데…… 안 나가세요? 안 주무세요?

미옥   어 안 졸려…… 심심해……. (곶감 씨를 자기 이마에 붙이며) 야 봤냐? 졸라 섹시하지? (반응 없자) 이 새끼 진짜…… 넌 유머 감각이 진짜 부족해, 네 아빠 닮아서.

성운   저기, 저 지금 좀…… 중요한 거 하고 있는데…….

미옥   공부 좀 줄여 새꺄…… 너 공부 좀 한다고 되게 재수 없는 거 알지? (코 밑에 곶감 씨 붙여주며) 하하하. 하늘

에서 눈이 와요 해봐. 아 한 번만 해봐. 쫌 웃어라 인
마. 더럽게 인상 쓰네, 진짜…….

성운　　(심각하게 미옥 쳐다보며) 저기 근데…… 아줌만 옷이
　　　　그런 거밖에 없으세요?

미옥　　왜? 난 이게 편한데? 이 새끼…… 네가 패션을 아냐?
　　　　이거 구하기 진짜 힘든 옷이야…… 잘 봐봐. 한 곳이
　　　　달라 이 패턴…… 라인…… 니가 뭘 아냐? 지 아빠
　　　　닮아서 촌스러워가지고…….

성운　　아니 예쁜 거 같은데…… 우리 엄만 안 그랬어가지
　　　　고. 촌스러워도 난 엄마처럼 입는 게 좋아서요…….

미옥　　그래? (허무하고 껄끄럽다) 미안하다? 근데 난 네 엄마
　　　　랑 다르지…….

성운　　예…… 그렇죠…… 저 화장실 좀……. (밖으로 나가는
　　　　성운)

책상에 멍하니 앉아 나가는 성운을 쳐다보는 미옥, 성운의 핸드폰
문자 알림이 울린다. 무심결에 확인하는 미옥. '엄마, 나 학교 면담
때 올 수 있어?' '그럼! 언제야?' '이번 주 목요일' '근데 새엄마는
바쁘대?' '아니 그런 건 아닌데 그냥 좀 쪽팔려서' '아이고~ 고생
이 많네. 울 아들 학교에서 봐~^^'라 쓰여 있고 '울 엄마'라고 저
장되어 있다.

63. 미연의 집 주방, 침실 / 저녁

저녁 식사를 하기 위해 식탁에 모인 가족들. 분위기가 심상치 않다. 하은이 미연의 눈치를 계속 보고 있고 동욱과 승우도 미연과 하은을 번갈아 보며 어쩔 줄 몰라 한다. 꼼짝 않고 두 손 모아 기도 자세 중인 미연.

승우	엄마 그냥 내가 기도하면 안 돼요? 나 배고픈데?
미연	(눈 감은 채로) 오늘은 하은이가 기도해야 밥 먹을 거야…… 기다려.
동욱	여보? 애들 배고픈데 그냥 대충하고 먹지?
미연	(눈을 떠 동욱 쳐다보다가 하은을 본다) 하은이 기도 못 하겠어? 너 그렇게 망설이고 기도하기 싫고 불안하고 그런 마음은 하나님이 주시는 마음 아니야! 하은이 마음속에 사탄이 속삭이는 걸 이겨내야지?

이때 울리는 전화벨 소리.

미연	하은이 학교급식 먹을 때도 기도 안 하고 그냥 먹지? 몰라서 안 하는 거보다 알면서 안 하는 게 더 큰 죄악이야! 하은이 엄마 봐봐. (하은이 어렵게 미연 보면) 하은이만 혼자 지옥 갈 거야? 그러고 싶어?

126

세 자매 이야기

동욱	여보! 정말 뭐 하는 거야? 애 겁먹잖아! (계속 울리는 전화) 저거 당신 전화야!
미연	(하은이 울기 시작한다) 왜 울어! 울지 마…… 울지 마세요! 엄마가 경고했어 지금…… 뚝! 지금부터 울면 아주 끝인 줄 알아. (하은이 울음이 더 커지자 손목을 잡고 질질 끌고 가 하은 방에 강제로 집어넣고 방문을 닫는다) 너 엄마 전화 받고 올 때까지 울음 멈추고 기도할 수 있게 해달라고 기도하고 있어! 간절한 마음으로! 알았어!

방으로 들어가버리는 미연, 동욱이 승우에게 밥 먹으라고 손짓하며 자신도 서재로 들어가버린다. 혼자 남은 승우가 밥을 먹기 시작한다.

미연	(침실 화장대에 있는 전화 받으며 짜증 섞인 말투) 어! 왜?
미옥	(목소리만) 언니 왜 그래? 화났어?
미연	(침대에 앉으며) 아니야…… (억지로 누그러트리며) 화 안 났어……. 저녁은 먹었니?

64. 미옥의 작업실 / 저녁

혼자 컴컴한 방에서 글라스에 소주를 따라 마시고 있는 미옥. 먹다 남은 과자 봉지로 방 안이 너저분하다.

미옥   (웨하스 과자 먹으며) 아니…… 언니가 우리 집 와서 밥 좀 해줄래?

65. 미옥의 집 침실, 미연의 작업실 / 저녁

미연   (답답하다) 넌 네 아들 밥을 해줘야지…… 성운이 금방 고등학생 돼. 신경 안 써? 너 제부가 그런 거 말 안 해도 엄청 서운해해. 알아?

미옥   그러니까 언니가 나 좀 가르쳐줘라. (과자 입에 가득 물고서) 엄마는 뭐 해야 돼? (바보같이 웃는다) 엄마가 뭐 하는 건지 진짜 난 모르겠네?

미연   그걸 누가 배워서 하니? 다 사랑으로, 주님이 주신 귀한 선물이니까 그 사명감으로 그렇게 (순간 정리가 잘 안 된다) 뭐. 하면 되지…….

미옥   (소주 마시며) 승우랑 하은이는 좋겠다…… 언니가 엄마라서. 승우는 살 좀 뺐나?

미연   그렇지 뭐……. 이제 그만 끊어야겠다. 저녁 먹던 중이라. 너 근데 무슨 일로 전화했다고?

미옥	언니 내가 진짜 궁금했던 건데…… 가끔 생각나는 일이 있거든?
미연	또 뭐가? 무슨 일?
미옥	나 다섯 살 땐가? 되게 추운 겨울인데…… 우리 맨발로 큰길 슈퍼까지 뛰어간 적 있지? 왜 그런 거야? 아이스크림 사 먹으려고 그런 거야?
미연	(별로 기억하고 싶지 않다) 글쎄…… 그랬었나?
미옥	그랬던 일은 기억나는데…… 왜 그랬는지 기억이 안나……. 언니가 내 손 꼭 붙잡고 뛰었는데…… 정말 기억 안 나?
미연	응. (마음이 더욱 착잡하다) 일단 끊자. 나중에 전화할게.
미옥	알았어…… 기억나면 전화해.

전활 끊는 미연. 괴로운 생각에 고갤 절레절레 흔든다.

〈FLASH BACK〉

어린 미연이 몰래 창문 밖을 내다보면 어린 희숙과 진섭이 공포와 추위에 벌벌 떨며 서 있다. 말없이 나뭇가지를 꺾고 있는 아빠의 뒷모습, 진섭이 고갤 돌려 미연을 쳐다본다. 아무것도 해주지 못하는 미연은 어색한 미소로 진섭을 쳐다본다.

66. 몽타주

⟨희숙의 집⟩

방문을 조심스레 열고 들어가면 자신의 엄지손가락을 빨며 자고 있는 보미. 귀엽고 안쓰러워 보인다. 보미의 머릴 쓰다듬는 희숙.

⟨미옥의 집⟩

미옥이 자고 있는 성운 방에 몰래 들어온다. 자신의 핸드폰으로 성운에게 전화하면 '돌＋아이'라고 뜬다. 책상 위 학부모 상담 신청란에 엄마 참석이라 쓰여 있다.

⟨미연의 집⟩

자고 있는 하은의 손을 붙잡고 기도하고 있다. 기도가 끝이 나면 자고 있는 하은의 얼굴을 보며 "엄마가 미안해"라고 작게 속삭인다. 엄마의 손을 뿌리치며 뒤척이는 하은.

67. 미연의 집 침실, 거실 / 아침

동욱이 수건으로 머릴 말리며 침실로 들어온다. 화장대 거울을 보며 로션을 바르는데 순간 멈칫한다. 화장대 중앙에 놓인 반지를 발견한다.

미연   (방으로 들어오며) 준비 다 됐어요?

동욱이 굳은 표정으로 미연을 쳐다본다.

미연   (예상한 듯) 왜 그래요?
동욱   이 반지…… 뭐야?
미연   (별일 아닌 것처럼) 아 그거? 당신이 잃어버린 거 내가
         그냥 찾아온 건데? 내가 찾도록 주님이 다 계획하신
         거예요……. 얼마나 다행이야. 안 그래요?
동욱   (미연 보며) 차라리 욕하고 소리 지르면 안 돼?
미연   (싸늘하게) 그게 무슨 소용이야. 당신, 주님이 치료 안
         하면 못 바꿔.
동욱   (순간 미연의 따귀를 때리며) 미친년…….

집 밖으로 나가버리는 동욱. 승우가 소란스런 소리에 거실로 나온다.

승우   (대문 쪽 보고) 엄마 뭐예요? 아빠 어디 가?
미연   (애써 침착하게) 아냐 아무것도…… 교회 갈 준비 다
         했어? (침실에서 나가며) 하은아! 엄마가 새 옷 챙겨 논
         거 입어!

68. 교회 예배당 / 낮

'교회 재건축 특별감사예배'란 현수막이 교회 강단 위에 걸려 있다. 목사님의 주도하에 열심히 찬양을 부르는 성도들, 성가대석엔 미연과 효정의 모습도 보이고 그 옆엔 하은과 승우가 바이올린과 첼로를 연주하기 위해 앉아 있다. 찬양이 끝나면 모든 성도가 제자리에 앉는다.

목사   오늘 특별히 교회 재건축 특별감사예배를 위해 우리 호산나 성가대가 연습을 아주 많이 했다고 합니다. 우리 지휘하는 전 집사 아이들이 연주도 하고 얼마나 예쁘게 큰 줄 몰라요. 얼마 전에 이사도 했죠? 분당에. (성도들 웃으면 미연 부끄러운 미소 짓는다) 자, 우리 성가대 찬양 부를 때에 많은 은혜 받으시길 진심으로 축원합니다.

목사님 자리에 돌아가 앉으면 지휘자석에 서는 미연. 짧은 순간, 가장 앞에 서 있는 효정과 눈이 마주친다. 미연이 성가대원 모두에게 미소를 건넨다. 손끝으로 사인을 보내자 감미로운 〈나의 하나님〉 피아노 연주가 시작된다. 미연이 작고 부드럽게 손끝으로 지휘를 하다가 효정에게 손끝으로 신호를 보내면 효정이 혼자 노래를 시작한다. 목소리가 미세하게 떨리지만 조심스럽고 세심하게

세 자매 이야기

노랠 이어가는 효정, 이내 자신감을 찾아 점점 더 아름다운 소리로 힘 있게 변해간다. 미연의 지휘가 점점 커지더니 최고조에 이를 때 전원 합창이 시작된다. 미연의 지휘가 점점 빨라지다가 멈추는 순간, 다시 효정의 솔로가 시작된다. 효정의 노랫소리가 더욱 또렷하고 청명하다.

미연과 효정이 서로 마주 보며 노랠 계속 이어간다. 효정의 눈에 눈물이 맺힌다. 미연도 갑자기 감정이 올라와 눈 끝이 빨갛게 달아오른다. 고갤 저으며 감정을 억제하려는 미연, 간주가 흐를 때 미연의 아이들이 연주를 시작한다. 바이올린 소리와 첼로 소리가 더욱 구슬프고 아련하게 들린다. 간주가 끝이 나면 다시 합창이 시작되고 노랫소리는 더욱 크고 웅장해진다. 연습 때 잘 안 되던 효정의 고음도 합창 소릴 뚫고 힘차게 뻗어 나온다. 만족한 표정으로 효정을 쳐다보는 미연, 효정도 자신의 모습에 벅찬 얼굴이다. 더욱 크게 입을 벌려 노랠 부르는 효정, 이때 효정의 옆얼굴이 처음으로 보이는데 눈 밑에 시퍼런 멍 자국이 있다. 성가곡이 끝나고 성도들이 다 같이 아멘과 함께 박수를 친다. 미연이 짧게 눈 감고 감사의 기도를 드린다. 성가대원들을 향하여 환하게 웃으며 수고했다는 말을 남긴다.

cut to

예배가 끝난 후, 성도들이 모두 빠진 예배당에 교회 당직자들과 한쪽에 서서 대화를 나누는 미연. 성가대석에서 혼자 악보와 성가복을 챙기는 효정을 쳐다본다. 효정도 미연을 기다리는 듯 미연 쪽을 자꾸 의식한다. 미연이 성가대석 쪽으로 온다. 고갤 푹 숙인 채 악보만 쳐다보고 앉아 있는 효정. 미연이 자신의 가방과 악보를 챙긴다.

미연   (가방 챙겨 나가려다) 왜? 나한테 뭐 할 말 있니?

효정   (계속 악보만 보며) 제가 잘못했습니다. 용서해주세요,

               지휘자님…….

미연   내가 무슨 용서를 하니? 용서는 하나님이 해주시는

               거지…… 난 누구 정죄 못 해.

효정의 눈에서 닭똥 같은 눈물이 뚝뚝 떨어져 악보에 번진다.

미연   왜 울어? 뭐, 맞은 게 억울해?

효정   (억지로 눈물 참으며) 아뇨…… 그렇게 말씀해주셔서

               감사해서요…….

미연   (더 화가 나지만 아무렇지 않게) 너 교회는 옮길 거지?

효정   네? 교회요? (조용히 끄덕끄덕) 네…….

미연   그래. 교회 옮겨도 성가대는 꼭 하고. 주일학교 봉사

               도 꼭 해라.

뭔가 찜찜하고 헛헛하지만 빠르게 그 자릴 빠져나가는 미연.

69. 미연의 집 거실, 침실 / 낮

미연이 아이들과 집으로 들어오는데 신발장과 신발이 어지럽게 흩어져 있다. 침실로 빠르게 가보는 미연, 남편의 옷가지들이 여기저기 흩어져 있고 옷장은 통째로 비어 있다. 화장대 위에 놓인 메모한 장. '당분간 학교에서 지낼 거야. 먼저 연락하지 마. 내가 연락할게.'

미연 (억지로 나오는 소름 끼치는 미소) 그래? 그러지 뭐…….

찬송 348장 〈마귀들과 싸울지라〉 피아노 치며 노래하는 미연. 순간 벌떡 일어나 한 번도 보지 못한 분노에 찬 얼굴로 침대 쿠션을 사정없이 내려친다.

미연 주님! 왜! 왜! 저를! 왜! 왜!

이때 방문을 조심히 여는 하은. 울고 있다. 아무렇지 않게 벌떡 일어나는 미연.

미연 (하은을 보며) 왜, 하은아?
하은 (겁에 질려 억지로 울음을 참는다) 엄마 죄송해요. 앞으로 기도 잘할게요…….

미연   (억장이 무너진다) **이리 와.** (두 팔 벌려 하은이를 꼭 끌어 안는다) 하은이 때문에 그런 게 아니고…… 하, 엄마 가 미안해…….

이때 울리는 핸드폰 소리. 미연의 엄마다.

미연   예, 엄마. 무슨 일 있는교? 예? 언니요? 왜요? 또 돈 필요하대요? 아니요. 언니랑 요샌 별 통화 안 해봤는 데요? 엄마 걱정하지 마이시더. 그럼 제가 통화해볼 게요. 예. (순간 생각) 엄마! 요샌 진섭이 뭐 괜찮죠?

70. 희숙의 꽃집 앞 / 낮

희숙이 꽃바구니를 들고 가게를 나서며 문을 잠그려 하는데…….
지나가던 아주머니 두 명이 희숙에게 다가온다.

아주머니 1   (희숙 보고 밝게 웃으며) 안녕하세요.
희숙   (잘 모르지만 웃으며) 네, 안녕하세요…….
아주머니 1   **참 미소가 좋으시고 영이 맑으신 분 같아요…….** (다 른 아주머니 보고) 지선 씨 어때요? 이런 분 정말 처음 뵙죠?

아주머니 2 (과하게 맞장구치며) 네. 영적으로 굉장히 활발하세요! 정말 너무 좋으시다 인상…… 그런 말 많이 듣죠?

희숙 네? 아니 죄송합니다……. (꽃바구니 보여주며) 제가 지금 배달 가는 중이라.

아주머니 1 밤에 잠 잘 못 주무시고? 자식들 걱정, 남편 걱정……. (희숙의 명치 누르며) 여기 화가, 병이 많다. 그죠? 소화도 잘 안 되고?

희숙 (서서히 인정하며) 네 아이고…… 참, 죄송합니다.

아주머니 1 (당당하고 명확하게) 이건 다른 거 없어요. 일곱 악귀를 쫓으셔야 돼요.

71. 희숙의 꽃집 앞 골목 / 낮

희숙의 가게 앞에 미연의 차가 들어와 선다. 차에서 내리며 희숙의 가게를 확인하는 미연. 유리문에 '배달 중' 푯말이 붙어 있다.

72. 사이비 기도원 세례실 / 낮

조용히 전화를 감싸고 미연과 통화하는 희숙. 하얀색 가운을 입고 있다.

희숙   (낮은 목소리로) 어. 어. 지금 배달 잠시 나와서. 미안
         해서 어떡해 미연아…… 언제 오냐고? (주위를 살핀
         다)

아주머니 2 (희숙에게 다가와) 이제 시작하는데?

희숙   (수화기 손으로 가리며) 아 그래요? 저기 미연아, 금
         방 끝날 거 같아…… 그래 미안해. 조금만 기다려
         줘…… 끊을게.

희숙, 전화 끊고 아주머니 안내에 따라 욕조 속으로 들어간다. 큰
목욕탕 욕조 물 안에 들어간 희숙. 아까 길에서 만난 아주머니 1,
2는 샤워 캡과 성가복 차림으로 희숙 앞에 서 있다. 어디서 자다 나
온 모습의 목사가 급하게 가운을 걸치고 욕조 안에 들어온다.

목사   (희숙 머리 위에 손 얹고) 일곱 악귀 물리치고 새 생명의
         거듭남을 믿습니까?

희숙   네? (당혹스런 웃음) 아, 네…… 이것만 하면 가는 거
         죠?

목사   새 생명 거듭남을 영생님의 이름으로 세례합니다.
         (머릴 누르며) 자 그럼 들어가세요. 쭉쭉. (머릴 계속 누
         르며) 편하게 들어가세요.

희숙   (조금씩 눈치 보며 물속으로 들어간다. 목까지 잠기면) 더?
         더요?

| 목사 | 머리까지 끝까지 더, 더 들어가세요…… 쑤욱. |

희숙 머리까지 완전히 잠겼다 일어난다. 아주머니 1, 2가 박수 치며 환영한다. 어푸어푸하며 정신없어하는 희숙. 끝까지 웃음은 잃지 않는다.

73. 희숙의 꽃집 앞 골목, 가게 입구, 가게 안 / 낮

급하게 가게 앞까지 뛰어온 희숙. 차에서 기다리던 미연이 희숙을 보고 내린다.

희숙	(허겁지겁 숨이 턱 끝까지 찼다) 미연아, 너무 오래 기다렸지? 정말 너무 미안해…….
미연	(머리가 젖은 희숙을 보며) 언니 뭐야? 목욕 갔다 왔어?
희숙	아 이거…… (웃음) (열쇠 꺼내며) 들어가자.

희숙, 가게 문을 따고 들어간다. 미연에게 들어오라고 손짓한다. 천천히 가게 안으로 들어서는 미연.

〈FLASH BACK〉
어린 미연이 시골집 현관 안으로 들어선다. 거실 소파에 앉아 있는 어린 희숙이 겁에 질린 얼굴로 미연을 쳐다본다. 뒤따라 들어온 미옥이 빠르게 소파 옆에 앉아 자신이 먹고 있던 새우깡을 희숙에게 건넨다. 어디선가 빠르게 달려와 새우깡 한 줌을 집어 먹는 진섭, 미옥이 신섭의 머릴 쉬어박는다. 미연이 안방 쪽을 쳐다보는데 문틈 사이로 젊고 예쁘게 생긴 희숙의 친엄마가 죄지은 사람처럼 고갤 박고 앉아 있다가 문밖을 쳐다보며 배시시 미소 짓는다. 미연이 고갤 돌려 희숙을 쳐다보면 엄마와 눈이 마주쳐 울상이 되는 희숙. 서서히 닫히는 안방 문.

cut to

희숙	(작업 테이블 위에 주스 따르며) 우리 가게 처음이지? 너무 볼품이 없어서 창피하다. (의자 건네며) 여기 좀 앉아. (미연이 의자에 앉으면) 의자가 거지 같아서…… 좀 불편하지? 미안.
미연	괜찮은데 왜…… (둘러보며) 꽃 종류가 제법 많네? 장사 잘돼?
희숙	아니야, 뭐가 많아. 너무 거지 같지 뭐……. 너무 많이 기다렸다, 그치? 미안해.
미연	(희숙 얼굴 어루만지며) 우리 언니는 뭐가 그래 평생 미안하고 창피하실까?
희숙	(쑥스럽게 웃으며) 아니야. 그럼 미안하지 뭐……. 밥

먹었어?

미연　또 미안해! 안 먹었다! 밥 사줘!

희숙　알았어…… 내가 사줄게…….

미연　그럼! 당연히 언니가 사야지! 내가 동생인데…… (희
　　　숙 젖은 머리 만지며) 근데 머린 정말 왜 이런 거야? 아
　　　까 전화했을 때 거래처라며?

희숙　아니야, 하. (웃음) 나 정말 거지 같지, 미연아…….

74. 희숙의 꽃집 앞 골목, 가게 입구 / 낮

가게를 나오는 두 사람. 희숙이 가게 문을 잠근다.

미연　(차 문을 열며) 거기 중국집 아직도 하나?

희숙　(문 잠그고 돌아서며) 응? 어디? (순간 배를 움켜쥔다)

미연　왜? 화장실 가야 돼?

75. 중국집 안 / 저녁

겉은 낡았지만 맛집이라 손님이 많다. 주방장이 사람들 앞에서 밀
가루 반죽을 치대며 면을 만든다. 한쪽에 자리 잡고 앉아 있는 미

연과 희숙. 희숙이 미연 몰래 눈치를 보며 배를 문지르고 있다.

미연	여긴 아직도 장사 잘되나 보네?
희숙	여기 잘 알아? 많이 와봤어?
미연	언니 정말 기억 안 나? 여기 언니 예전 회사 근처잖아?
희숙	그래. 난 예전에 여기서 많이 먹었지……. 보미 아빠가 여기 자장면 되게 좋아했어.
미연	어머! 이 언니 좀 봐…… 진짜 기억 못 하나 보네? 나 대학 붙고 서울 올라온 지 한두 달 됐었나? 우리 요 앞 극장에서 영화 보고, 타이타닉. 디카프리오 얼어 죽었다고 언니 펑펑 울고. 기억 안 나?
희숙	(그제야 어렴풋이) 아, 나랑 같이 먹었구나……. (순간 배가 쑤신다)
미연	그래! 언니 회사 첫 월급 받은 날! 여기 되게 맛있는 집이라고. (반응 보며) 왜? 언니 배탈 난 거 아냐? 화장실 또 가 그럼?
희숙	아니야. 괜찮아…… 미안해. (입 가리며) 또 미안해했네?
미연	으이구, 진짜 못 말려. (순간 번뜩) 해돋이네…… 해돋이식당…….
희숙	응? 뭐가?

세 자매 이야기

미연   아니야, 아무것도……. (자장면, 짬뽕이 나온다) 와, 맛
       있겠다.

76. 미연의 차 안, 희숙의 집 앞 공터 / 저녁

희숙의 집 앞에 서서히 멈춰 서는 미연의 차.

미연   (창밖을 보며) 이 동넨 재건축해야겠다. 건물이 너무
       많이 낡았는데? 여기에 언니 한 15년 살았나?
희숙   더 됐지. 보미 낳고 쭉 여기서만 살았으니까.
미연   (약간 망설이다가) 형부는 가끔 와……? 아직 사채 다
       못 갚았지?
희숙   (미연 눈치를 보며 고갤 못 든다) 미안해. 너희 돈 빨리
       갚아야 하는데……. 그렇지 않아도 다음 달부턴 조
       금씩 갚으려고.
미연   언니! 괜찮아. 내가 괜히 말 꺼냈지 뭐. 천천히 갚아.
       우리가 남이야? 형제끼리 돈 좀 못 갚을 수도 있지!
       난 솔직히 언니 이런 데 사는 것도 짜증 나! 내가 돈
       만 많으면 벌써 이사시켜줬어! 그게 내 맘이야! 언
       니 알아? 알긴 뭘 알아? 전화도 안 하는데…….
희숙   그래, 미연아. 정말 고맙고, 미안하고. 그래서 전

화 잘 못 했어. 난 너희들 걱정만 시키니까. 거지같이…… 미옥이는 잘 지내지?

미연 　몰라. 그년도 정신 차려야지. 제부가 워낙 착하니까 데리고 사는 거지. 막말로 살림을 잘해? 그렇다고 애교가 있어? 허구한 날 지 연극한다고 남편, 새끼 밥도 잘 안 해 먹이고 살고…… 제부가 맨날 오냐오냐하고 사니까. 지가 무슨 공준지 알고 사는데 미옥이 걔도 정신 차리려면 멀었어.

희숙 　(미연의 넋두리에 미소가 번진다) 미연아 너는? 넌 뭐 별문제 없어?

미연 　나야 뭐…… 몰라! 빨리 들어가! 보미 밥 해줘야지? 요샌 괜찮아? 보미?

희숙 　(고개 끄덕이며) 그래…… (미연의 어깨에 손 올리며) 진짜 가족뿐이 없다…… 힘이 된다, 진짜…….

미연 　전화 좀 해 그러니까. 답답하게 좀 굴지 말고. 어?

희숙 　알았어. 들어갈게…… 조심해서 가. (차에서 내린다)

미연 　(차 창문 내리며) 언니? 정말 뭐 별일 없는 거지? 아니 엄마가 하도 언니 목소리 이상하다고 걱정해서…… (희숙 다시 훑어보며) 아니지?

희숙 　(눈빛이 살짝 흔들리지만) 그래. 무슨 일이 있겠니…… 그냥 보미 아빠 없이 내려가려니 죄송스러워서…….

미연 　(덤덤하게) 나도 애들 아빠 안 내려갈 거야…….

희숙	왜? 제부 무슨 일 있어?
미연	(별일 아닌 듯) 일은 뭐…… 그냥 학교가 좀 바빠서. 에 이 몰라! 그럼 들어가.

희숙, 떠나가는 미연의 차를 물끄러미 쳐다본다.

77. 희숙의 집 거실, 보미 방 / 저녁

희숙이 거실에서 전신 거울을 보며 혼잣말로 뭔가 읊조리고 있다.

희숙	(입 모양으로만 드라마 연기하듯) 엄마…… 아빠…… 나 아파요…….

거울 속 자신이 너무 초라하게 느껴지는 듯하다. 이때 거칠게 대문을 열고 들어서는 보미, 씩씩거리며 거울 앞에 서 있는 희숙에게 달려들듯 다가간다.

보미	엄마가 뭔데! 엄마가 뭔데!
희숙	보미야…… 엄마가 있잖아…….
보미	됐어! 다 필요 없어! 이 좆같은 집구석 나갈 거야!

방으로 들어가 가방에 이것저것 쑤셔 넣는 보미. 희숙이 조용히 보미 방문 앞에 선다.

희숙   (보미 지켜보고 있다가) 엄마 암이야……. (웃음)

보미   (순간 멈칫) 뭐래? 참 나……. (다시 마저 짐을 싼다)

희숙   엄마…… 오래 못 살면…… 보미는 좋지?

보미   미쳤네, 진짜……. (희숙을 지나쳐 나가려 한다)

희숙   (겨우 보미 팔목을 잡으며) 보미야…… (울먹이는 미소)
           엄마 좀 무서워…….

보미   (겨우 눈물을 참으며) 엄마 같은 사람이 더 오래 살
           아…… 그렇게 쉽게 안 죽어, 요즘엔.

희숙   엄마가 그렇게 거지 같아? 사람들한테 어떻게 해야
           날 안 싫어할까?

보미   (겨우 한 손으로 눈물 찍어내며 참는다) 아우 진짜 짜증
           나…….

희숙은 겨우 보미의 한쪽 팔목을 붙잡고 힘겹게 버티고 있고 보미
는 흐르는 눈물 때문에 고갤 들어 이리저리 흔든다. 어색하고 슬픈
순간이 지나고 있다.

F. O.

78. 미옥의 집 거실 / 아침

성운이 아침부터 거울을 보며 다른 날보다 부쩍 외모에 신경을 쓴다. 기분 좋게 가벼운 마음으로 현관에서 신발을 고르는데 미옥이 현관으로 나온다.

미옥	학교 가?
성운	(신발 신으며) 네. 아직 안 주무셨어요?
미옥	어…… 잠이 안 오네. 너 오늘따라 기분 좋아 보인다?
성운	(씩 웃으며) 그래요? 뭐 그냥 그런데? (목례하며 집을 나선다)

미옥이 나가는 성운을 보다가 부엌 찬장에서 소주를 꺼내어 다시 방으로 들어간다.

79. 교수실 / 낮

교수실에서 동욱이 다른 동료들과 커피를 마시고 있다. 누군가 교수실 문을 두드리면.

미연   (환하게 웃으며 들어선다) 승우 아빠! (사람들에게) 안녕
       하세요.

동욱   (갑작스럽게 놀란) 어…… 왔어? 잠깐만 금방 나갈
       게…….

미연 다시 환하게 웃으며 나가면 동욱은 동료들 눈치를 살피며 씁
쓸한 미소를 짓는다.

80. 대학교 내 공원 / 낮

대학교 안의 한적한 벤치에 앉아 있는 미연과 동욱. 두 사람의 거
리가 어색하다.

동욱   (시간 체크하며) 무슨 일이야? 나 곧 수업인데…….

미연   (빤히 쳐다보다가) 너 나랑 이혼할 거니? (동욱 쳐다보
       면) 왜? 내가 너보다 두 살 많은데, 기분 나쁘니?

동욱   됐고. 내가 이혼하자면, 그럼 이혼할 거야?

미연   그래. 하자, 이혼. 대신 정리할 건 하고. 아파트 융자
       금, 나랑 애들하고 살아야 되니까…… 그건 네가 해
       결하고. 너 여기 교수 된다고 내 앞으로 빚진 거 5천
       만 원 그것도 해결하고. 너 몰래 내가 모은 돈으로 우

리 언니 돈 빌려줬다고 짜증 냈었지? 너 아주버님 수
술비 무슨 돈으로 한 거 같니? 내가 빌려드린 거야,
너 몰래 3천만 원. 알았니? 이거 다 해결하면 이혼해
줄게. 야, 이혼도 능력이 돼야 하는 거야. 어디서 감
히 이혼 얘기를…….

먼저 일어나 벤치를 떠나다가 미연, 다시 돌아와서.

미연   (반지를 동욱에게 던지며) 평생 머리핀 하나 안 사다 줬
        으면서. (남들이 들을까 흘리는 말투로) 이 발정 난 개새
        끼야……. 애들한텐 연락해라, 하루에 한 번씩.

빠르게 사라지는 미연. 동욱은 차마 고갤 들 수 없다.

81. 학교 교무실 / 낮

교무실 안에 성운의 여자 담임 선생과 친모가 상담을 받고 있다. 술
에 취한 미옥이 문을 열고 들어와 비틀거리며 그들에게 다가간다.

담임   저기…… 혹시 무슨 일로?
미옥   나 상담받으러 왔는데?

친모	(뒤늦게 발견하고) 아이고…… 참 나. 안녕하세요.
미옥	(밝게) 네. 안녕하셨죠?

주위를 두리번거리더니 의자를 가져와 친모 옆에 앉는 미옥.

담임	(두 사람의 눈치를 보다가) 저기…… 같이 오신 거예요?
미옥	따로 왔는데, 저도 상담받으려고 왔어요.
친모	선생님…… 잠시만.

친모가 담임을 교무실 한쪽으로 데려간다. 미옥은 멍하니 그냥 앉아 있는데 자꾸 졸려서 눈이 감긴다. 다시 돌아와 앉는 친모와 담임.

담임	저기 그러면 오늘 상담은 여기까지만 하는 걸로…….
친모	예, 알겠습니다. 수고하셨습니다, 선생님.
담임	네. 들어가세요, 어머니.

친모는 인사하며 나가는데 미옥은 계속 자리에 앉아 있다. 담임도 눈치를 보며 자릴 피하려 한다.

미옥	저기요. 나는 왜 상담 안 해요?
담임	아니…… 그냥 여기까지만 하는 걸로. 다른 학부모

세 자매 이야기

님 상담도 있거든요.

미옥	나도 학부모예요. 김성운 엄만데?
담임	친엄마분이 지금 상담을 받으셔서…….
미옥	아니 나도 좀 해줘요! 나도 엄마로서 잘하고 싶은데?
친모	저기요? 선생님 그만 괴롭히고 일어나죠? 지금 학교에 술 먹고 온 거예요? 제정신 아니네, 진짜. 일어나요. 빨리!
미옥	왜?! 내가 왜 일어나! 나도 엄마야! 나도 엄마 하고 싶다고!
친모	당신이 무슨 엄마야! 당신 엄마 자격 없어!
미옥	왜 없어 시발! 나도 엄마야! 나도 김성운 엄마야! 왜!

친모와 미옥, 서로 끌고 나가려다가 몸싸움으로 변한다.

| 담임 | 저기요 좀 진정하시고……. |
| 미옥 | 나도 엄마라고! |

이때 다른 선생님들과 담임이 미옥과 친모를 말린다. 미옥 계속 화를 내다가 속이 울렁거리며 구역질이 인다. 결국 교무실 한쪽에 엎드려 구토를 하는 미옥.

82. 학교 수돗가 / 낮

온몸이 파김치가 되어 힘없이 수돗가로 걸어오는 미옥, 수돗물을 틀어 자신의 흔적을 닦아내기 시작한다. 수도꼭지에 입을 대고 입 안을 헹구다가 알 수 없는 서러움이 터져 나온다.

83. 미옥의 집 안 / 저녁

상준이 집 안으로 몹시 흥분하며 들어온다.

상준   이 새끼 어딨어 지금. 야! 김성운! (성운이 방에서 나
        오면) 너 핸드폰 줘봐. (주머니에서 핸드폰 꺼내 상준에
        게 준다. 핸드폰 확인하면) 뭐 돌아이? 새엄마가 돌아이
        야?
성운   아니…… 그게…….

상준이 성운의 따귀를 날린다.

상준   말해봐! 새엄마가 돌아이냐고 새끼야!
미옥   야 이 미친놈아! (달려들어 상준의 뒤통수를 가격한다)
        왜 때려! 애는 왜 때려! (계속 여기저기 사정없이 상준을

독자님, 안녕하세요. 마음산책입니다.

'전 세계가 약속해서 올해를 다시 2020년으로 정하자'는 우스갯소리가 나올 만큼 작년 한 해는 많은 이들에게 고통스런 시간이었지요. 몸은 지치고 마음은 소란한 나날 속에서 그나마 위안이 되어준 것은 언제나 책과 영화였습니다. 이번 신간은 그래서 더욱 반가울 듯합니다. 2021년, 꿈꿈한 마음을 갈무리하고 마음산책이 처음 선보이는 책은 영화 〈세 자매〉의 모든 것을 담은 『세 자매 이야기』입니다. 영화 속 세 자매 희숙, 미연, 미옥은 과거 가정에서 받은 상처를 공유하지만 아픔을 애써 덮어두고 전혀 다른 인생을 살아갑니다. 세 사람은 각자도생하며 느슨하게 연결된 채 서로를 할퀴기도 하고 보듬어 안기도 하지요. 오랜만에 가족이 다 같이 모인 자리에서야 그들은 마침내 연대하며 단단해집니다. 김선영, 문소리, 장윤주. 영화 속 캐릭터처럼 서로 다른 개성의 세 배우가 빚어낸 드라마가 발산하는 에너지는 강렬하고 메시지는 뜨겁습니다. 『세 자매 이야기』는 엄혹한 상황에서 어렵사리 결실을 맺은 소중한 영화를 온전히 기억하겠다는 일념으로 만들었습니다. 영화 안팎의 이야기를 촘촘히 그러모은 이 책이 독자님의 새해를 의미 있게 열어줄 한 권이 되길 바랍니다.

마음산책 드림

갈긴다) 네가 뭔데! 네가 아빠면 다야! 애를 왜 때려
이 미친놈아!

상준   아…… 아니, 그게. 여보 잠깐만…….

cut to

식탁에 앉아 있는 상준과 성운. 둘 다 얼굴이 벌겋게 탱탱 부어 숙
연하다. 곱게 옷을 차려입은 미옥이 저녁상을 차리고 있다. 국과
밥을 식탁에 내려놓는데 감자와 멸치 대가리가 둥둥 떠 있는 맹탕
이다.

미옥   오늘부터 저녁은 온 가족이 함께 먹는 거야. 그리고
성운이는 아침밥 매일 차려줄 테니까 꼭 먹고 가, 알
았어? 둘 다 맞은 데 괜찮아?

상준   어…….

성운   네…….

미옥   한 번만 더 애한테 손찌검해봐. 나한테 먼저 뒤질 줄
알아. 국 간은 어때? 맛있어?

상준   어…… 어 맛있어! (성운 보면)

성운   (억지로 떠먹으며) 맛…… 있어요.

미옥   내가 잘 안 해서 그렇지, 하면 또 끝장 나. 많이 먹어.
(부엌 쪽으로 가면)

식탁 위의 김치를 국에 재빨리 퍼 넣는 상준과 성운.

84. 희숙의 집 앞 공터 / 낮

미연과 아이들이 희숙의 집 앞에서 차를 주차하고 기다리고 있다. 희숙과 보미가 먼발치에 모습을 드러낸다. 미연이 발견하곤 차에서 내려 희숙에게 다가간다.

미연   (보미 보며) 보미 너 많이 컸다? 이모 오랜만에 봤는데
         안 반가워?

보미 최대한 얌전한 의상을 입었지만 여전히 튀는 펑키 룩과 진한 화장을 하고 있다. 이어폰을 꽂고 동영상만 보고 있는 보미.

희숙   (미연 눈치 보며) 보미야, 이모가 말하잖아. 원래 안 그
         런데…….

보미, 희숙 한번 째려보더니 미연에게 고개만 끄덕이며 차에 올라탄다.

미연   (차 안의 승우와 하은 보고) 애들아 뭐 해? 큰이모한테

인사드려야지?

아이들　　(최대한 공손하게) 안녕하세요.

희숙　　　(차에 올라타며) 그래 얘들아, 너무 반가워…… 근데 오늘 우리 때문에 너무 좁게 가서 어쩌지? 미안해서?

모두가 차에 탑승한다.

85. 차 안 / 낮

앞자리에 미연과 희숙이 앉으며 막 출발하려는데, 보미의 영상을 보게 되는 승우. 펑크뮤직에 열광하는 동영상이다. 짜증 난다는 듯 승우를 의식하는 보미.

승우　　　누나, 이거 악마 숭배하는 노래 아냐?

보미　　　뭐래 이 시발 뚱땡이가…….

승우　　　(바로 미연에게) 엄마! 누나가 나보고 시발 뚱땡이래 요!

희숙　　　(당황하며) 보미야 왜 그래? 승우야 미안해. 이모가 대 신 사과할게. 누나가 요즘 이모 때문에 많이 화가 나 서…….

미연　　　언니! 언니가 왜 사과해. 애들이 싸울 수도 있지. (백

미러로 보미 보며) 보미야, 승우가 뚱땡이는 맞는데 욕
은 좀 그랬다. 가뜩이나 살찐 것도 서러운데…….

하은, 웃음이 터진다. 그런 하은에게 화풀이하는 승우.

희숙   (아무 반응 없는 보미 보며) 보미야. 이모가 말하잖
         아…….
보미   (짜증 내며) 내가 뭘!

보미는 더욱 핸드폰으로 얼굴을 가린다. 미연의 눈치를 보는 희숙.
미연이 웃으며 희숙에게 괜찮다는 제스처를 보인다.

미연   자 다들 안전벨트 매고, 엄마가 잠깐 기도할게.

〈FLASH BACK〉
어린 세 자매와 진섭이 집 앞 골목을 누비며 뛰고 있다. 성인이 된
미연에게 빨리 오라고 손짓하는 모습의 어린 미연.

86. 고향 집 앞 도로, 집 앞 공터 / 낮

집 앞 도로로 접어든 미연의 차. 뒷자리의 아이들은 어느새 잠들어

있다. 희숙은 길게 뻗은 황량한 논밭을 보며 잠시 회한에 잠긴다. 미연이 그런 희숙의 눈치를 본다. 큰길가에 있는 동네 슈퍼. 그 앞에 막걸리 마시는 동네 어른들의 모습도 보인다.

미연   (사투리) 여긴 어찌 이렇게 하나도 안 변하노……. (아이들 깨우며) 애들아 다 왔다.

순간 눈을 뜬 보미도 창밖을 본다. 부스스 깨어나는 승우와 하은.

87. 집 앞마당 / 낮

집 앞마당으로 들어서는 미연과 희숙, 그리고 아이들. 미연이 마당을 쭉 둘러본다.

〈FLASH BACK〉
어린 세 자매가 마당에서 뛰어놀고 강아지가 짖으며 쫓아다닌다.

〈현재〉
지금은 다 부서지고 낡은 개집만 덩그러니 놓여 있다. 한쪽에 세워져 있는 미옥네 차량.

미연   미옥인 벌써 왔나 보네?

이때 집 안에서 들리는 미옥의 고함 소리.

88. 집 안 거실, 안방, 마당 / 낮

미연과 희숙이 집 안에 들어서면 진섭 방문 앞에서 소리치는 미옥.
상준은 옆에서 말리고 있고 성운은 인사하며 현관을 나선다.

미연   (성운 보며) 야, 너 많이 컸다?

고개만 끄덕이며 빠르게 나가버리는 성운.

상준   너 인사 똑바로 안 해? 오셨어요?
미연   제부 일찍 왔네? 근데 쟤 또 왜 저래?
미옥   (진섭 방 두드리며) 야! 전진섭! 너 빨리 안 나와!
상준   (웃으며) 아니 아까 처남이 좀 대들었다고. 별거 아니
           에요…….
엄마   (작은 방에서 나오며) 이제 시끄러워, 그만해. (미연 보
           며) 왔냐? 희숙이는?
희숙   (현관 앞에 서 있다가) 저도 왔어요…….

엄마	그래, 방 치워놨으니까 작은 방에 짐 옮겨놓고…… (상준 보고) 김 서방 배고프제?
상준	괜찮습니다, 어머니. 오다가 휴게소에서 많이 주워 먹었어요…….
미옥	너 빨리 나와서 사과하라고!
상준	이제 그만하자 자기야. 처형들도 왔는데…….
미옥	뭘 그만해. 이 새끼가 나한테 미친년 지랄하네라고 했는데. 그게 오랜만에 본 누나한테 할 소리야?
상준	아휴, 반가워서 그런 거야. 반가워서!
미연	아빠는요?
엄마	잠깐 교회 가셨다. 장로님들 모임 있어서…… (창밖을 보며) 이제 할아버지 오신다. 얘들아 저녁밥 먹자! (부엌으로 들어간다)

각자 마당에 흩어져 있는 아이들, 하은과 승우만 눈치 보다가 할머니한테 인사한다. 성운이 보미를 보니 한쪽에 앉아 핸드폰만 보고 있다.

미옥	아무튼 전진섭 나오기만 나와봐, 아주…… (희숙 보고) 왔어? 큰언니 살 빠졌네?
미연	맞지? 예뻐졌다니까…… 뭐 혼자 좋은 거 먹나봐?
희숙	아니야…… 왜 그래, 진짜…… (미옥 보고) 많이 보고

싫었는데, 미안해.

상준   (벽에 사진 보며) 여보! 이거 당신이야? 여기 다 처형들
이네? 당신이 제일 예쁘다.

상준이 손가락으로 가리키고 있는 미옥이 가장 남자아이처럼 개
구지게 생겼다. 프롤로그에 나온 해변에 서서 노래하는 세 자매의
모습.

89. 해변가 / 낮 (과거)

어린 세 자매가 모래사장 가운데 어른들 눈치를 보며 서 있다. 이
때 천천히 나미의 〈빙글빙글〉을 부르기 시작하는 미옥. 춤까지 추
며 제법 열심히 한다. 미연도 지켜보다가 열심히 박수 치며 따라
부르기 시작한다. 희숙은 그런 미연과 미옥을 쳐다볼 뿐 부르지 못
한다.

미연   (희숙 보며) 언냐…… 노래 빨리 해라…….

희숙   나…… 이 노래 몰라…….

미연   그냥 춤이라도 춰라, 신나게. 어른들이 죄다 언냐만
보잖아…….

아빠   (소리만) 거 안 할 거면 때리치워라!

강압적인 소리에 경직되는 희숙. 고갤 살짝 들면 무덤덤하게 쳐다 보는 어른들. 미연과 희숙이 미옥을 보며 열심히 따라 한다. 한쪽에 서 있는 남자아이와 눈이 마주치는 희숙. 어린 진섭이다.

90. 작은 방 / 저녁

어릴 적 세 자매가 함께 쓰던 방. 오랜만에 세 자매가 같이 누워 있다. 미연만 눈을 떠 오래된 나무 창문을 쳐다보고 있다.

〈FLASH BACK〉
어린 미연과 미옥이 작은 창문을 넘어가고 있다.

〈현재〉
떨쳐내려는 듯 눈을 감아버리는 미연. 다시 눈을 뜨면 창문 밖으로 담배 연기가 올라온다.

91. 집 앞마당 / 저녁

집 앞마당으로 나오는 미연. 한쪽에 쭈그려 앉아 담배를 태우는 보미를 발견한다.

미연	이모도 학생 때 담배 피워봤는데. 딱 한 번. (보미 보며) 난 별로 맛없었더라. 아빠는 가끔 연락 와?
보미	나랑 가까워지고 싶어요?
미연	왜? 갑자기 친한 척하니까 우스워? 평상시엔 연락도 안 하고 지내다가?
보미	(혼잣말하듯) 내 말이. 솔직하게 말해요? 아빠는 병신이에요. 그런 아빠랑 이혼 못 하는 엄마는 더 개병신이고…….
미연	원래 아빠들이 전부 병신들이야. 괜찮은 아빠들은 별로 없어. 이모도 솔직하게 하나 말해볼까? 이모도 너만 할 때 자살하고 싶었어. 너무 사는 게 힘들고 고통스러워서……. 근데 네 엄마가 이모 대신 모든 걸 다 겪었거든? (보미 보고) 그러니까 우리 언니 좀 봐줘…… 부탁할게.
보미	(담배 건네며) 한 모금 빨래요?
미연	그럼 우리 좀 친해지는 건가? (담배 받으며) 주여……. (혼자 중얼거리듯 기도)

한 모금 조심스레 빨아보는 미연, 이내 기침을 해댄다. 피식 웃는 보미.

온 가족이 모인 대형 식당 안 룸. 아빠를 중심으로 가족들이 빙 둘
러앉아 있다. 아빠 옆으로 시골 교회 목사님과 사모님도 보이고 아
빠가 한창 기도 중이다. 분위기는 매우 엄숙하고 숨 막힐 정도로
고요하다.

아빠   아버지. 이 못난 애비가 간절히, 간곡하게 기도드립
니다. 지금 이 자리에 온 가족이, 온 식구가 이 못난
애비의 생일을 맞아 이 자리에 모여 앉았습니다. 이
늙고 힘없고 보잘것없는 못난 애비의 생일을 기억하
고 모이게 하신 주님, 우리 자식들을 더욱 축복하여
주시고 하는 일마다 주님의 영광이 크게 빛날 수 있
는 위치에서 쓰임 받는 귀한 일꾼 되도록 하여 주시
옵소서. 우리 큰딸 전희숙, 지금 서울에서 꽃가게를
운영하며 아름다운 꽃바구니를 만들고 있습니다. 이
꽃바구니가 가는 곳곳마다 주님의 향기가 퍼져 나갈
수 있도록 하여 주시고 날로 번창하여 서울에서 가장
큰 교회 3대 교회의 재단 꽃 장식을 도맡아 할 수 있
는 역사를 허락하여 주시옵소서……

중간중간 엄마와 교회분들이 아멘으로 화답한다. 보미와 성운은

이 분위기에 적응 못 하고 미옥은 몰래 홀짝홀짝 술을 따라 마신다. 상준이 옆에서 말려보지만 소용없다. 이때 겁에 질린 표정으로 진섭이 식당 안으로 들어선다. 어딘가 모르게 넋이 나간 행동을 보인다. 기도 중인 아빠 주위를 맴돌다가 바질 내리고 아빠에게 오줌을 갈긴다. 순간 당황하는 식구들. 모두가 이 상황에 아무런 대응을 하지 못하고 가만히 쳐다만 본다.

엄마	헉! 뭐꼬! 진섭아!
아빠	야! 야! 와 이라노! 아이고 이게 뭐꼬!
진섭	전만섭 씨발놈아! 내 오줌이나 처먹어라!
미연	제부! 진섭이 좀.
상준	아, 네!

상준이 진섭을 말리며 제압하면 거칠게 저항하는 진섭. 아빠와 엄마가 벌떡 일어나 묻은 오줌을 닦는다.

목사	(일어서서) 장로님 일단 나가셔서 옷을 좀 닦으셔야…….
아빠	아…… 이게…… 죄송합니다, 목사님.
목사	아닙니다, 아닙니다. 장로님 일단 빨리 나가시죠……?
미연	(휴지로 아빠 닦아주며) 아빠 빨리 화장실 가서 좀 닦으세요……! 엄마!

세 자매 이야기

| 엄마 | 그래. (아빠 모시고 나가며) 아이고 목사님, 진짜 죄송 |
| | 스러워서······. |

아빠와 엄마, 목사 부부가 자릴 떠나면 진섭이 나가는 아빠를 향해
소릴 지른다.

진섭	전만섭 이 개새끼야! 전만섭 이 시발놈아 너 어디 가
	는데! 너 때문에 시발! 시발! 이 시발놈아! 너 때문에
	나 죽을 거 같다고! 같이 죽자 이 시발놈아!
상준	처남 그만 좀 해라! 지금 와 이라는데 진짜!
미옥	여보! 진섭이 아프다! 세게 하지 마!
상준	아, 알았다······.
미연	(성운보고) 성운아 애들하고 좀 나가 있어······.
성운	네······ (하은 승우보고) 나가자.
하은	엄마, 삼촌 왜 그래요?
미연	(한숨) 음······ 좀 아파서 그래······ 괜찮아······.

아이들이 나가면 주변을 둘러보는 미연. 희숙은 상준과 함께 진섭
을 살피고 미옥은 소주를 마시며 진섭을 무겁게 쳐다본다. 보미는
구석에 앉아 이어폰을 꽂고 핸드폰을 보고 있다.

93. 집 뒷마당, 큰길 / 저녁 (과거)

프롤로그와 이어지는 장면. 90 신의 과거 장면과도 이어진다. 어린 미연과 미옥이 작은 방 창문을 빠져나간다. 컴컴한 비포장도로를 필사적으로 뛰고 있는 자매의 뒷모습, 얼음장처럼 차가운 길바닥을 힘겹게 뛰고 있는 어린 두 자매의 맨발, 피가 안 통할 정도로 꽉 움켜쥐고 있는 두 손. 숨이 턱까지 차올라 더 이상 뛰기를 거부하는 미옥을 반 강제로 끌어당겨 발걸음을 재촉하는 미연. 그러다가 드디어 눈앞에 나타난 슈퍼 불빛이 환하게 그들을 반긴다. 안도의 한숨을 내쉬며 뛰던 발걸음이 느려지는 미연과 미옥.

94. 큰길 앞 슈퍼, 큰길 / 저녁 (과거)

슈퍼 안으로 눈치를 보며 들어서는 미연과 미옥. 슈퍼 안. 아저씨들이 막걸리에 얼큰하게 취해 있다. 정신없는 미연과 미옥은 거친 숨만 내쉴 뿐, 무슨 말을 어떻게 먼저 꺼내야 할지 모른다.

아저씨 1 (뒤늦게 알아보고) 니들 뭐야? 안 춥나? 가시내들이…….

아주머니 (막걸리 내오며) 어머 야들 봐라? 신발도 안 신고 왔나? 왜? 뭐 사러 왔어?

세 자매 이야기

미연	(겨우 숨을 진정시키며) 아뇨. 뭐 사러 온 건 아니고요…….
아저씨 2	와 니들 안 춥나? 가만 있어보자. 너거들, 이래 보니 만섭 형님 딸내미들이네. 야야, 와 이러고 다니노? 니들 감기 걸려 뿔라?
미옥	(눈치 없이 당당하다) 저희들 지금 안 추워요. 언냐랑 저랑 막 뛰어왔거든요.
아저씨 1	(미연 보고) 와, 이래 보니 니 마이 컸다? (미연 가슴 손가락으로 잡으며) 몇 살이고? (미연이 아저씨 손을 쳐낸다) 와 니 거 언냐도 있지? 너그 아빠가 딴 데서 데려온 언냐 있잖아? 없어?
미옥	네, 있어요. 근데 지금 아빠한테 혼나서 맞고 있어서…… 우리가 대신 왔거든요?
아주머니	뭐? 뭘 해? 너거 아빠 또 술 먹고 엄마 막 패나?
미옥	아뇨, 이제 엄만 잘 안 때려요. 큰언니 오고부터는…….
아주머니	맞나? 아이고, 배다른 자식이라꼬 너그 엄마한테 미안한 갑제?
미옥	네. 아빠가 술만 마시면 엄마 앞에서 울면서 미안하다고 막 빌어요…….
아저씨 2	너거는 안 때리고?
미연	네. 언니랑 남동생만…….

아저씨 2	너거 지금 그럼 도망쳐 온 기가? 참 나……. (막걸리 마시며) 만섭 행님 그거 몬 고친다. 술버릇.
아저씨 1	그럼 너그들이 아빠한테 막 매달리가 '아빠 그만하이 소! 언니야 맞아 죽심더!' 이래야 안 카나? 니들만 도 망쳐 오면 안 되지…… 맞제?
미연	네…… 근데, 그럼 신고 좀 해주시면 안 돼요?
아저씨 2	신고? 와, 그래? 근데 남의 집안일에 우리가 신고해 도 되나? 너그 아버지랑 우리 다 친한데…… 아빠 신 고해서 경찰들 오고 그러면 너그 엄마 더 맞는다. 후 딱 가서 너그들이 살려달라고 빌어라!
아저씨 1	아 나 저기 이모! 야그들 쭈쭈바 하나씩 줘서 보내소, 마! 아저씨가 쭈쭈바 하나씩 사줄게. 먹고 빨리 뛰어 가라.
아저씨 2	쭈쭈바는 날씨가 이래 추운데 씨발 넘어가나. 이모야 야들 호빵 하나씩 줘봐라!
아저씨 1	지랄하네…… 암것도 모르면서. 야들은 그런 거 필 요 없다. 무조건 쭈쭈바! 깐돌이! 아저씨 말이 맞제?
아저씨 2	이 씨발놈이 형한테 지랄? 지랄한다고? 니 시발놈아 결혼했다고 지금 나한테 유세 떠나? 나도 우리 집에 돈 좀 있으면 베트남 가서 여자 산다!

아저씨들의 흥분에 눈치만 보고 서 있는 미옥과 미연, 어찌할지 모

른다.

아주머니   됐다 좀! 애들 앞에서 못 하는 소리가 없노. 너거들
          쭈쭈바 하나씩 주까? 먹으면서 갈래?

다시 돌아오는 길. 미옥은 쭈쭈바를 먹으면서 걷고 있고 미연은 뜯지 않은 그대로 들고 왔던 길을 되돌아간다.

cut to

집 앞 입구로 들어서는 미연과 미옥, 현관 앞에 팬티 바람으로 쫓겨난 희숙과 진섭을 목격한다. 벌벌 떨며 진섭을 꼭 끌어안고 있는 희숙, 미연 쪽을 보며 공포에 질려 눈물을 흘리고 있다. 온몸이 피멍으로 가득 찬 진섭은 멍하니 희숙에게 안겨 있다. 쭈쭈바를 꼭 쥔 미연의 손이 부르르 떨린다. 거의 다 먹은 쭈쭈바 껍데기를 쭉쭉 빨고 있는 미옥.

95. 대형 식당 안 / 낮 (현재)

미연이 다가와 진섭의 뺨을 거칠게 때린다.

미연	니 그만 못하나!
진섭	이 씨발년아! 니가 뭔데! 니가 뭔데! 난 그냥 죽고 싶다고 씨발년아!
희숙	(기겁하며) 고마해라, 진섭이 와 때리노…… 제발…… 때리지 마라……. (진섭을 끌어안는 희숙)
미연	언니야 비켜라. 진섭이 이렇게 감싼다고 못 고친다. 우리가 대체 언제까지 감싸야 되는 건데! 어! 오늘 같은 날 이게 말이 되나!
희숙	진섭이는 마음이 아파서 안 그르나? 다 내 때문이지 뭐, 다 내 때문에. 내가 미안타…….
미연	언니가 뭐가 미안한데? 언니가 뭘 잘못했는데! 제발 병신같이 잘못도 없는데 잘못했다고 쫌 빌지 좀 말라고! 어?
희숙	어…… 그래…… 언니가 병신 같아서…… 잘못했다 그쟈…….
미연	아 진짜! 왜 그래! 왜!
미옥	(혼자 헛웃음 뱉으며) 지랄도 가지가지다…… 진짜. (술을 벌컥벌컥 들이켠다)
미연	(술병 뺏으며) 그만 마시라…… 니도 병원 갈래?
미옥	(거칠게 술병 가져오며) 니가 뭔데? 니가 우리 집 대장이가?
미연	니 맨날 술 처먹고 나한테 전화하는 거 기억도 못 하

세 자매 이야기

지?

미옥   어, 니는 기억력이 그렇게 좋아서 남편이 집 나가고 이혼당하게 생겼나?

미연   뭐?

미옥   왜? 형부가 니한테 질려서 무서버서 못 살겠다던데?

미연   (눈빛이 변하며) 조용히 해라…….

미옥   야…… 니 눈 보면…… 어릴 때 아빠랑 똑같다.

미연   (입을 억지로 틀어막으며) 닥쳐…… 닥치라고!

미옥   (손을 뿌리치며) 제발 니 자신을 먼저 쫌 알아라. 니네 애들이 불쌍타 진짜!

희숙   …….

미연과 미옥 거의 서로 쥐어뜯으며 몸싸움 직전이고 희숙은 말리고……. 이때 아빠와 목사, 엄마 들어오고…….

아빠   야들아! 이제 그만! 정말 그만두지 못하겠나! (목사님께 허리 숙여 조아리며) 목사님 정말 죄송합니다. 하…… 정말 죄송합니다. 제가 정말 죄가 많아서…….

목사   아닙니다, 장로님. 괜찮습니다. 절대 저는 신경 쓰지 마세요…….

엄마   (엄마가 목사의 성경책과 가방 챙기며) 아이고 목사님 정말 죄송합니다…….

목사	권사님 걱정하지 마시고 제가 기도하겠습니다.

목사가 아빠와 엄마의 손을 꼭 붙잡고 위로를 전하고 있다. 그 모습을 쳐다보는 미연. 아빠와 엄마가 목사님 앞에서 계속 죄송하다고 고개 숙여 사과한다. 그런 아빠에게 갑자기 다가가는 미연.

미연	아빠! (아빠 엄마 쳐다보면) 사과하세요.
아빠	(어리둥절) 뭐라고?
미연	여기 목사님한테 말고, 우리한테 사과하시라고요!
아빠	흠…… 그래, 이따 집에 가서 얘기하자.
미연	아뇨! 지금 사과하세요. 난 지금 받아야겠어요.
목사	저기…… 따님 조금 흥분을 가라앉히시고.
미연	아뇨! 목사님은…… 죄송한데요, 잘 모르세요. 잘 모르시니까 일단 죄송한데 좀 빠져주시고요.
엄마	미연아, 너 지금 목사님한테 무슨 짓이야?
목사	아닙니다. 권사님, 괜찮습니다. 목사가 뭐 대숩니까? 괜찮습니다.
미연	아빠 정말 사과 안 하실 거예요?
엄마	(미연 등짝 때리며) 니까지 와 이라노, 어? 엄마 죽는 꼴 함 보고 싶나 니…….
미연	죽긴 왜 죽는데 엄마가! 엄마가 뭘 잘못했는데……! 엄마가 진섭이 저렇게 만들었나? 어! 엄마가 언냐하

고 진섭이를 뚜들겨 팼냐고! 내가……! 아홉 살 때 무슨 기도를 했는지 아나? 아냐고……? 내일 아침에 일어나면 아빠 빼고 우리 가족들 전부 죽어 있게 해 달라고 그랬다……! 천국 가서 제발 쫌…… 행복하게 살게……!

엄마   너그 아빠…… 이제 안 그런다 아이가…… 예전의 아빠 아이다.

아빠가 엄마를 데리고 천천히 밖으로 나가려는데…… 헛구역질을 하는 아빠…… 가슴을 치며 답답해한다.

엄마   왜 그래요? 속이 또 얹힌교?

아빠   괜찮다…… 흡…… 커억…… 빨리 나가자…….

보미   아 시발 좆같네…… 우리 엄마 암이에요…… 할아버지 사과해요. 어른이 사과를 왜 못 해요?

희숙   (보미 말리며) 보미야 하지 마…….

보미   우리 엄마 암 걸렸다고, 사과하라고! 시발 진짜……. 평생 병신처럼 살다가 이제 암 걸려 죽게 생겼다고! 그러니까 사과해요 빨리!

미연   언니 이게 무슨 소리야? 언니가 왜. 무슨 암인데? 어? 얼마나 됐는데!

희숙   (부끄럽게 웃으며) 하 참, 진짜…… 하 보미야, 보미

	야…… 참 아니야…… 미연아 아니야. 하 아니에
	요……. 치료받으면 돼…… 치료받으면 되지. 요새
	암 걸린다고 죽는 사람 있나?

미옥 언니……. (희숙 옆에 앉는다)

희숙 괜찮아…… 아휴, 정말 괜찮아. (웃지만 눈가에 눈물
이 넘친다) 이거를 근데 아이고 목사님 근데 식사를
좀 하시고 가야 되는데…… 아이고 어떡해요……?
미연아……? 여기 이거 밥값도 한 50만 원 들었지?
아…… 그래도 이쪽은 오줌이 하나도 안 묻었거든
요……? (그러면서 음식 하나를 집어먹는다.) 아 나까지
진짜…… 아 죄송해요……. 아…… 진짜…… (음식
을 꾸역꾸역 먹는다)

미옥 (멍하게) 언니…… 이제…… 죽어?

희숙 어……? 아…….

미연 …….

엄마 (천천히 다가와 희숙을 안아준다) 희숙아…… 희숙
아…… 엄마가 미안타…… 정말 우리 딸…… 얼마나
마음이 상했노…… 정말 미안타…… 내 새끼…….

펑펑 우는 엄마. 희숙을 감싸 안고 오열한다. 희숙, 앉아서 음식
을 꾸역꾸역 먹다가 서럽게 울기 시작한다. 미옥과 미연도 엄마
와 희숙을 감싸 안고 펑펑 눈물을 쏟는다. 주변 사람들 그냥 멍하

세 자매 이야기

니 쳐다보며 고갤 숙인다. 이때 어디선가 쿵! 쿵! 쿵! 모두가 소리
난 쪽을 쳐다보면 유리 벽 한쪽에 피로 얼룩진 자국, 밑으로 핏자
국이 길게 이어져 흘러내린다. 목사와 상준 급하게 뛰어가면 울부
짖는 아빠의 소리 들린다. 미연이 천천히 다가가면 이마에서 피가
철철 넘쳐흐르는 아빠의 모습, 목사와 상준이 부축하지만 인사불
성이다.

아빠   (울부짖으며) 주여! 주여! 이 죄 많은 애비를! 이 죄 많
          은 애비를! 우웩! 캭! (헛구역질을 해댄다)

못 움직이는 아빠를 붙들고 기도하기 시작하는 목사.

목사   나사렛 예수 그리스도 이름으로 명한다! 이 가정을
          괴롭히는 모든 악한 기운은 물러날지어다! 떠나갈지
          어다! 말살될지어다! 떠나가라! 떠나가라! 물러가라!
          물러가라!

울면서 보고 있던 세 자매와 엄마가 따라서 아멘을 크게 외친다.

F. O.

96. 병원 병동 안 / 낮

세 자매, 말없이 진섭이 주사 맞는 모습을 뚫어지게 보고 있다.

진섭   (간호사에게) 잠시만요…… 빨리 퍼뜩 가라. 내 주사
            맞는 건 왜 쳐다보고 있는데? 쪽팔리구로…… 빨리
            안 가나?!

미연   알았다 이제 간다. 몸조리 잘하고…… 약 잘 먹
            고…….

미옥   여기선 사고 치지 말고…… 선생님 말 잘 듣고. 알았
            나? 니 또 누야 말 썹지? 어? 의사 선생님한테 욕하지
            말고 새끼야!

진섭   아씨! 알았다 쫌……. 니나 욕하지 마라!

미옥   니? 이 시끼 니는 뒤졌다.

진섭 뒤통수 때리는 척 끌어안고 이마에 뽀뽀해주는 미옥. 기겁하
며 뿌리치는 진섭.

미연   (미옥을 말리며) 가자. 진섭이 주사 맞아야지. 다 가자
            빨리!

희숙   (한쪽에서 쳐다만 보다가) 누나야 또 올게. 잘 지내라 진
            섭아……. (나가려다 다시 돌아와 진섭을 안아준다) 나을

수 있다. 진섭아 알았제!

진섭   (희숙의 등을 어루만지며) 뭐꼬 또…… 나 주사 좀 맞자
       쫌. (눈물 핑 돌며) 누야도 치료 잘 받고……. 요새 암
       은 병도 아니다.

미연과 미옥도 병동 문 앞에서 눈시울을 적시며 바라본다.

97. 미연의 차 안 / 낮

세 자매만 타고 있는 미연의 차, 미연과 미옥은 계속 주위를 둘러
본다.

미옥   (창밖 보며) 언냐! 이 근처 맞나? 아닌 거 같은데?
미연   그러게. 없어졌나? 좀만 더 가보고…….

98. 바닷가, 해돋이식당 앞 / 낮

빈 건물 앞에 서 있는 세 자매. 폐허가 된 해돋이식당 간판이 바닥
에 나뒹군다.

cut to

해변가에 바다를 보며 앉아 있는 세 자매, 어색한 정적만 흐른다. 주변이 휑하니 파도 소리만 들려온다.

미옥	멍게에 소주 한잔인데.
미연	아버지 딸 아니랄까 봐 술 찾아 또.
미옥	왜 이래. 아버지 나만 닮았어? 우리 다 닮았지. 그리고 성격은 언니가 제일 닮았어.
미연	아니 머리숱도 없는 양반이 이마 찢어져서 이제 아유 어뜩하니. 뵈기 싫어서.
희숙	거지 같겠다, 그지?
미옥	우리 빨리 비싸고 맛있는 데 가자. 계산은 언니가 하고.
미연	어우 알았어. 가, 가!
희숙	야들아 내 미안한데 부탁 하나만 해도 되나?

미연과 미옥, 희숙을 쳐다보면 희숙이 밝게 웃으며 쳐다보고 있다.

cut to

희숙, 미연, 미옥이 해변가 가운데에 서 있다. 그 옛날 어린 세 자매가 바닷가 앞에 서서 노래하는 사진을 찍었던 모습처럼.

미연	언냐도 참…… 속 시끄럽데이…… 사진 한 장 찍는 거 갖고 뭐 부탁을 하노?
희숙	너희 그거 아나? 우리 어릴 때 바닷가에서 찍은 사진 말곤 셋이 같이 찍은 게 한 개도 없다…….
미연	맞네…… 한 장도 없네…… 나 그 사진 되게 싫어하는데…….
미옥	언냐! 앞으로 많이 찍으면 되지! 그동안 못 찍은 게 뭐가 중요한데! (핸드폰으로 각도 잡으며) 자, 여기 봐 봐라…….

저 멀리 바닷가 한가운데 서서 사진을 찍는 세 자매. 옅은 햇살이 그들을 비추고…… 파도 소리는 계속 부서진다.

F. O.

-끝-

인터뷰

이화정 영화 저널리스트

나를 뜨겁게 만드는 여자들

안톤 체호프의 『세 자매』 속 형제는 사 남매다. 체호프는 그중 제 건사도 제대로 못 하는 아들을 제외한 '세 딸'만을 작품의 제목으로 내세운다. 19세기 말 변화를 요구했던 러시아에서 "살아가야 한다, 그래도 살아가야 한다"라고 말하던 세 자매. 이 세 여성의 이야기를, 지금 2021년 변화가 필요한 대한민국을 살아가는 여성들의 이야기로 이어붙여본다. 이승원 감독의 〈세 자매〉 속 세 여자 희숙(김선영), 미연(문소리), 미옥(장윤주)은 각자의 가정을 꾸리고 살아가지만, 과거 폭력적인 성향을 지닌 아버지 밑에서 자란 상처를 안고 가는 여성이자 약자들이었다. 폭력에 대항하지 못했던 어린 영혼이 낼 수 있는 신음은 그저 "내일 아침에 일어나면 아빠 빼고 우리 가족들 전부 죽어 있게 해달라"던 저주 어린 소망뿐이었다. 영화는 성인이 된 지금도 이들의 편편치 않은 현재에서 그물망처럼 얽혀 있는 상처받은 과거를 느닷없이 불쑥불쑥 유추해낸다.

희숙, 미연, 미옥 세 자매의 히스토리에 폭발력을 더해주는 것은 문소리, 김선영, 장윤주라는 세 배우가 지닌 노련함과 기술, 신선함의 만남이다. 이승원 감독의 전작 〈소통과 거짓말〉(2015) 〈해피뻐스데이〉(2016)의 소외된 하류층 인물들이 토해낸 상처와 아픔들이 적은 예산, 연출자의 마이너한 화법으로 선뜻 많은 이들에게 소통과 이해를 구하기 힘들었다면, 대중과의 접점을 가진 이들 세 배우가 이승원 세계 속 캐릭터들을 만나면서 이야기는 더 살가워졌다. 〈세 자매〉를 통해 차가운 외피에 들끓는 에너지로 가득한 문소리, 깊고 뜨거운 폭발력을 한가득 저장한 김선영, 예측불허의 연기로 뒤통수를 치는 충격을 선사하는 장윤주의 연기 각축전을 지켜보는 감흥은 마치 서로 다른 시대를 살지만 각자의 방식으로 분투해야 했던 〈디 아워스〉(2002)의 세 여성을 연기한 니콜 키드먼, 줄리앤 무어, 메릴 스트립의 연기를 보면서 체감한 짜릿한 전율과 닮아 있었다. 자신을 들키는 것 같아 연기 인생 20년 경력에 이렇게 마주하기 싫었던 캐릭터는 처음이었다던 문소리, 힘들 것이 분명해 끝까지 캐릭터를 밀쳐두었다던 김선영, 캐릭터를 받아들이기까지 고열에 시달릴 정도로 앓았다는 장윤주, 세 배우가 말하는 결코 녹록지 않았던 이 작품의 도전과 성취는 어떤 것이었을까. 배우라는 이름 앞에 '여성'을 칩으로 가진 이들에게 〈세 자매〉를 택해야 했던 이유, 관객에게 전해야 했던 말, 그리고 이 과정을 통해 그들이 얻은 에너지가 무엇인지 들어보았다. 시나리오의 처음부터 캐스팅 과정, 코로나 19로 인해 힘들었던 올봄 촬영 과정을 모두 끝낸 후 한층 홀가분한 마음으로, 그리고 이제는 이 작품의 인연으로 '언니, 동생'이라는 호칭이 낯설지 않게 가까워진 세 여자와 나눈 거침없는 대화를 전한다.

'기 존나 쎈 언니들'이 뭉쳤다

전작 〈소통과 거짓말〉 〈해피뻐스데이〉로 독립영화 중에서도 쎈 표현 수위와 이해 못 할 지점들로 디협점이 잘 보이지 않던 이승원 감독. 그 세계에 대중과의 접점을 놓치지 않으며 최상의 연기로 화답해온 배우 문소리의 '출현'은 한 편의 영화가 만들어져 관객과 만나기까지 벌어지는 캐스팅 난항과 제작 분투의 공정을 아는 이들에게는 그 자체로 사건이 된다. 이승원 감독은 "배우이자 제작자로 영화에 참여한 문소리 선배가 아니었다면 이 영화는 여기까지 오지 못했을 거다"라며, 문소리가 영화를 완성하는 데 버팀목이 되어주었다고 말한다.

이화정　첫 만남부터 풀어가보자. 이승원 감독은 영화제 뒤풀이 때 어린 시절부터 좋아했던 배우가 먼저 다가와 말 걸어주고, 영화에 대해 이야기도 해준 기억에 힘입어 시나리오까지 줄 용기를 냈다고 첫 만남을 기억한다. 선배님을 주인공으로 시나리오 쓰겠다, 연락드리겠다는 이승원 감독의 말에 '응답' 사인을 준 건데 어떤 점이 끌렸나.

문소리　감독님이 "언제 한번 같이 작업하고 싶다"라는 말을 했는데, 그런 말이야 영화하는 사람들끼리 덕담으로 주고받지 않나. 그래서 "시나리오 있으면 주세요" 했더니 "씁니다" 하더라. 그런데 너무 빨리 써서 온 거야. (웃음) 이승원 감독 작품을 알게 된 게 부산국제영화제였는데, 솔직히 〈소통과 거짓말〉

은 개인적으로 내 취향의 영화라고 말하기 힘들었다. 하지만 너무 인상적이었다. 특히나 선영 배우를 비롯한 배우들의 연기가 완전히 놀라워서 뒤풀이 때 작품 정말 잘 봤다고 이야기하던 그때부터 인연이 시작된 거지. 그다음에 두 번째 작품 〈해피뻐스데이〉를 만들었다고 해서 전주국제영화제에 가서 보고, 감독님이 연출하는 연극도 찾아봤다. 이 감독의 작품 세계가 일관성이 있더라. 대부분 굉장히 거칠고 과감한 측면을 보는데, 내가 찾은 일관성은 소외된 사람들, 세상에서 인정받지 못한 사람들에 대한 따뜻한 태도였다. 영화는 굉장히 험상궂고 배우들 연기도 거친데 그 속에 그들을 향한 따뜻한 태도와 시선이 있었다. 볼 때는 불편해서 고개를 돌려도, 보고 나면 남는 것이 있는 영화. 이게 이 감독의 개성이구나, 힘이구나 느꼈다. 이런 연출가들이 자기 세계를 잃지 않고 작업을 하면 좋겠다 싶었다.

김선영　문소리 배우와 작업하고 싶은 마음에 급하게 쓴 거다, 내가 알기로는. (웃음) 영화제에서 만나게 되면서 우리가 시나리오를 줄 수 있는 다이렉트 라인이 생긴 거잖아. 사석에서 보니 문소리라는 사람이 껍데기에 싸인 사람이 아니고, 오픈 마인드에 동네 슈퍼 아줌마처럼 보이니까 우리끼리 "줄 수 있겠지?" "줘도 될 것 같아" 한 거다. (웃음) 그러니 이 영화의 시작은 소리 언니다. 배우로, 또 제작자까지 겸하면서.

이화정　그러게. 〈여배우는 오늘도〉(2017)에서 연출자로 실력을 발휘하더니 이번엔 남편 장준환 감독과 운영하는 '영화사 연두'로 공동 제작사 크레디트에 올라 한층 적극적인 참여로 보인다.

문소리　막상 시작하고 나니 투자가 안 되더라. 여자 세 명이 주연이라는 장벽이 있으니까. 믿고 있던 영화진흥위원회 제작지원작 심사에서도 떨어졌다. 〈항거: 유관순 이야기〉(2019)가 그때 되고 우리는 떨어진 거야. 어떻게 하나 다들 머리를 맞대고 있는데, 김상수 피디가 "시나리오, 투자 이야기까지 다 하니 선배님이 공동 제작자로 같이 하시죠" 하더라. 나도 그게 더 편안할 수 있겠다 하고 붙은 거다. 캐스팅 이야기는 그래서 처음부터 같이 했었지.

이화정　배우 대 배우로서, 신들린 연기를 보여주는 배우 김선영과의 합도 이 프로젝트를 기대하게 만드는 지점 중 하나였을 것 같다. (웃음)

문소리　선영이는 사실 자기가 캐스팅이 안 되더라도 괜찮다고 했다. 본인은 안 해도 되니 더 유명하고 좋은 사람이랑 할 수 있으면 오케이! 그랬다.

김선영　나야 이승원 감독이 내 남편이다 보니까 "네가 영화를 하려면 해라. 내가 하고 안 하고는 별 중요한 게 아니니까" 했다. 잘 진행이 돼서 같이 할 수 있으면 좋은 거지. 작품 할 때마다 늘 그랬다.

문소리   시나리오 보자마자 나는 첫째 희숙은 선영이가 해야 진짜 파워풀할 거 같았다. 암에 걸려 죽음을 앞두고도 고통을 참고 약해지지 않는 인물이, 선영이가 하면 깊고 깊은 지하 암반수 같은 연기가 나오겠더라. 저 밑에서 빠악 치고 올라오는.

김선영   제주 삼다수!

문소리   처음부터 선영이가 첫째를 하면 좋겠다고 생각했고, 내가 둘째를 하고, 그래서 셋째는 좀 더 유명한 사람으로 합시다! 우리끼리 그런 거다.

이화정   좀 더 스타성 있는 사람이 또 필요한가. 문소리, 김선영이면 묻지도 따지지도 않고 투자할 것 같은데. (웃음) 연기력으로 이미 최강 라인, 우리가 바랐던 그 조합. 관심을 가질 수밖에 없는 프로젝트다.

문소리   우리가? 말도 안 돼.

김선영   이화정 기자님이 영화 시장을 모르시네. (웃음)

문소리   관심을 하도 안 줘서 4억 남짓 제작비 모으는 데 2년 넘게 걸렸다. 일단 감독 전작이 너무 어려우니 다들 고개를 젓더라. 시나리오를 보고서도 훨씬 더 어둡고 마음 끌탕만 하는 이야기로 보는 데다가, 뭣보다 셋째 캐스팅이 안 됐다. 선영이랑 나랑 만나서 "우리 때문인가?" "우리가 잘해줄 건데" "우리가 때릴까 봐 그런가?" 야, 너 못 봤어? 너 무섭고 기 존나 쎔이잖아. 나는 인자하고 기 존나 쎔이야! SNS에 여자 배우들 분석을 해둔 짤이 있는데 '우아하고 기 존나 쎔은 김희애, 귀엽고 기 존나 쎔은 이정은, 인자하고 기 존나 쎔은 문소리, 무섭고 기 존나 쎔은 김선영'이었다. (웃음) 국내가 안 되면 해외 투자라도 받아보려고 편지를 쓰고 별별 시도를 다 했다. 그런데도 쉽지가 않더라.

이화정   〈군산: 거위를 노래하다〉(2018) 장률 감독과의 작업, 〈메기〉(2019) 이옥섭 감독과의 작업을 보면서 점점 배우뿐만 아니라 영화를 만들어가는 문소리의 역할이 확고해진다는 생각이 든다. 아직 대중에게 널리 알려지지 않았지만, 좋은 연출자를 알아보고 그 가능성의 빛을 캐치해 대중에게 전달해주는 역할을 담당하고 있는 게 아닐까. 이승원 감독은 영화보다 연극에서 잔뼈가 굵었고, 표현 방법이 거칠지만 자기 세계를 확고하게 밀고 나가는 힘이 있는 연출자다. 그 가능성을 대중과 이어줄 접점을 문소리가 만들어준다.

문소리   그런 작품에 날 끼워줘서 나야 늘 고맙지. 이 현장에도 감사한 마음이 있고. 내가 그런 이야기는 했다. 감독님, 두 번째 작품까지 했는데 세 번째 작품 할 때는 감독님의 색깔을 잃지 않으면서 메인 스트림에 들어와 활동을 하셔야 될 거 아니냐. 계속 〈소통과 거짓말〉이나 〈해피뻐스데이〉처럼 나가실 거면 나랑 안 해도 된다. 영화제 지원받아서 밀어붙여라. 그런데 소수만 보는 영화가 아니라 보다 더 많은 관객에게 이야기를 하시려면 한번 같이 가보자 그런 이야기를 했지. 그렇다면 나랑 하는 게 의미가 있을 수도 있고 나도 적극적으로 도모해보겠다. 시나리오를 받고 보니 〈세 자매〉는 일부러 이야기를 세게 안 만들었다는 생각이 들 정도였어. 감독님 나름대로 굉장히 대중적인 이야기를 쓰시려고 노력한 흔적이 보였다.

김선영   작품을 하면 시작 단계부터 좌절하고 속상할 때가 있거든. 그럴 때마다 대안을 제시해주기도 했지만, 더 큰 거는 우리가 흔들릴 때마다 "그거 별거 아닌데"라고 정신을 잡아준 사람이 소리 언니다. 문소리가 뭘 했냐, 말을 하려면 그냥 너무 다야. 내가 배우로서가 아니라 그냥 이 사람이 잘됐으면 하는 이승원 감독의 부인으로서 했던 이야기가 뭐냐 하면 "소리 언니 말 잘 들어보라고"였어. 왜냐하면 문소리라는 사람은 이승원이라는 연출자가 갖고 있지 않은 걸 정확하게 가진 사람이기 때문이다. 단순히 좋은 언니, 정이 많은 사람이 아니라 중립을 지켜가며 기저에서 우리를 이끌어주는 역할을 했다. 프로젝트에 없어선 안 될 역할을 한 거지. 이 사람이 이 프로젝트에 마음을 담았기 때문에 자기 선에서 할 수 있는 모든 걸 했다는 생각이 들더라.

문소리　　그동안 영화하면서 이리 엎어졌다 저리 엎어졌다 이런 걸 너무 많이 봤으니까 그 경험이 바탕이 된 거 같아. 난 그래도 될 영화는 된다, 이런 믿음이 있는 거지.

김선영　　언니가 지지해주는 그 힘을 우리가 모두 느꼈어. 거기서 끝난 게 아니라 이 안에 와서 둘째를 연기한 거잖아. 여기 들어왔을 때는 오롯이 배우로서 있으니까, 약간 띠리한. (웃음) "어떡해요, 다시 가요?" "다시 가면 안 돼요? 한 번만." 카메라 앞에 섰을 때 제작자 문소리는 없어. 컷 하면 앞에 있는 나한테도 "선영아 어떡해, 다시 갈까?" 그게 정말 딱 분리가 되더라고. 난 언니 그 모습이 되게 멋있더라고.

장윤주　　작품을 하겠다는 결심이 서면서 소리 언니한테 제일 먼저 연락을 했던 것도 감독이랑 또 다른 되게 확실한 배우로서, 또 본인의 영화를 만들었던 연출자로서 그런 데 대한 믿음이 커

서였다. 소리 언니가 이 영화의 진행 상황부터 심지어 행정적인 것까지 다 알고 있어 둘 다 소통이 가능했다. 나는 늘 "언니, 계속 감독으로 작업도 해보면 어떨까요" 이야기를 많이 한다. 〈여배우는 오늘도〉가 좋아서도 있지만, 같이 작업을 해보니까 언니가 정말 너무 똑똑한 사람이야. 영리한 거랑 또 다르게, 똑똑하고 똑 부러져. 자기가 지금 어떤 선택을 해야 하고 본인이 앞으로 어떻게 영화인으로 살아가야 할지에 대한 판단이 명쾌해. 내가 '문소리답다'라고 생각하는 그 지점이 우리 영화를 만드는 데 정말 큰 발판이 되어줬고, 그래서 고맙다.

이화정　　사실 문소리의 참여가 '투자'라면 장윤주의 참여는 '베팅'에 가깝다. 〈베테랑〉(2015) 이후로 왜 차기작을 하지 않나, 일회성 출연으로 끝나는 건가 궁금해하던 차였다. JTBC 영화프로그램 〈방구석 1열〉의 MC로 참여하는 등 영화에 대한 뜻은 내비쳤다고 생각했다.

문소리　　우리도 윤주가 정말 연기를 하고 싶었으면 벌써 여러 작품 했겠지. 본인이 별로 뜻이 없나 그랬지. 그러다가 어떻게 기회가 닿아서 시나리오를 전달했다. 처음부터 생각했던 안은 아니었지만 굉장히 파워풀한 조합이다 싶었다. 윤주가 가진 에너지가 컸고, 또 스크린에서 보면 신선하기도 하고. 처음 만났을 때 우리가 애를 꼬시려고 온갖 방법을 다 썼잖아. 중간에 윤주가 화장실 갔을 때 선영이랑 둘이서 "안 하려나 봐" "무리였나 봐" 이런 이야기도 하고 그랬지 그날. (웃음)

이화정   이승원 세계를 이미 너무 많이 경험한 배우 김선영, 매번 다양한 시도를 해왔던 배우 문소리. 두 배우의 합류에 비하자면, 장윤주가 〈세 자매〉로 스크린 복귀를 할지는 몰랐다. 대중적 인지도가 이미 확보되어 있는 데다 상업 신에서의 제안이 적지 않을 텐데 왜 독립영화계에서도 마이너한 이승원 감독의 작품에 참여를 결심했을까.

김선영   노린 거지 그거를. 니들은 이 캐릭터로 윤주를 생각도 못 했을걸. (웃음)

장윤주   모델로 데뷔하자마자 장선우 감독님이 캐스팅 제의를 했었는데 그때는 모델 일에 미쳐 있던 때였다. 미팅을 한 적은 많았다. 임상수, 김지운, 민규동 감독님도 만났었고, 〈베테랑〉 때도 시나리오 보고 처음엔 '이게 뭐야. 나랑 안 맞는데?' 싶어 안 한다고 했었다. (웃음) 나중에 류승완 감독님 만나고 생각이 바뀌었지. 그런데 끝나고 나니 '미스 봉' 같은 역할만 들어와서 매번 고사하게 되고, 또 '이거 좀 괜찮겠다' 하고 베팅을 해볼까 했을 때는 임신을 하게 됐다. 복귀작 고민을 할 때도 내가 연기로 시작하는 건 아니지, 좀 오글거리더라. (웃음)

이화정　　'미스 봉' 이미지가 그만큼 강렬했지만, 배우로 활동 영역을 넓히고자 할 때는 한편으로 떨쳐버리고 싶은 수식어이기도 했겠다.

장윤주　　회사에서도 비슷한 유의 캐릭터가 너무 많이 들어오니 가려서 준다. 그런데 〈세 자매〉는 시나리오 읽어보지도 않고 제목만 보고 "나 할래" 이랬다. (웃음) "왜요?" "나 세 자매야" 게다가 "세 자매의 막내래요" 하길래, "나 세 자매의 막내인데." 본능적으로 끌리더라. 물론 회사에서는 감독님 전작이 세고 거칠어서 걱정이 많았다. 나도 또 자신이 없었다. 일을 할 때 완전히 집중해서 내가 가지고 있는 걸 다 쏟아내는 스타일인데, 주변에서 다들 말리는 작품을 하고 결과가 안 좋았을 때 내가 감당할 수 있을까 그런 고민이 들었다. 그런데 이 작품은 한번 거절하고 나서 유독 마음이 너무 힘들었다. 누군가는 이런 메시지를 전해야 할 텐데. 나도 딸 셋에다 막내인데. 나 역시 그들 같은 시절을 살았고, 그런 시간이 세 자매로서 내 개인적인 삶과 오버랩 됐다.

문소리　　윤주 전에 사실 거절을 많이 당해서 거절을 하면 그런가 보다 하는데 윤주는 진짜 고민을 열심히 하는 게 보였다. 뭣보다 작품의 핵심을 알고 있었다. 이 작품의 정서를 알고 있다는 게 보여서 너무 아쉬웠다.

사진 이화정

장윤주 　거절을 하고도 너무 마음에 걸려서 하나님께 '정말 내가 해야 되는 작품이면 그냥 쉽게 이야기해주시라'는 기도를 했다. 그러고 나서 그날 밤에 TV를 켰는데 〈그것이 알고 싶다〉에서 세 자매 사건(1193회 '부성애의 두 얼굴-나는 아버지를 고소합니다' 편)이 나오더라. 아버지한테 오랫동안 폭행을 당한 자매들이 아버지를 고소한 사건이었는데, 이게 나한테는 이 작품을 꼭 하라는 일종의 계시 같았다.

이화정 　〈베테랑〉에서의 핫핑크 트레이닝복 스타일에 이어서, 노랗게 탈색한 요란한 단발머리가 미옥의 캐릭터를 관객에게 단박에 '이상하게' 만들어주는 키워드가 된다. 이렇게 독특한 미옥의 스타일을 먼저 고안해서 제안했다고.

장윤주 　작품을 거절하고 나서 친구한테 나 이거 계속 너무 마음에 남는다 고민을 털어놨더니 그 친구가 "윤주야, 차라리 그 캐릭터는 탈색을 해서 가면을 쓰면 가능하지 않을까" 했다. 그 말이 확 꽂히더라. 그래, 나한테 가면이 필요했던 거야. 고민했던 지점이 이미지로 깨끗하게 그려졌다. 거절한 지 3일 지나고 소리 언니한테 번복하려고 연락을 했다.

문소리 　나한테 갑자기 〈롤라 런〉(1998)톰 티크베어가 연출한 독일 액션 영화. 조직원인 남자 친구를 구하기 위해 고군분투하는 여성 롤라의 활약을 그린 작품. 롤라 역을 연기한 프란카 포텐테의 새빨간 단발머리가 트레이드 마크가 됐다. 사진을 보냈더라고. 모델을 했던 사람이라 룩이 딱 떠오르니 캐릭터가 떡 보이는 거지. 그렇게 긍정의 사인을 받고, 다음 날 선영이랑 감독님이랑 피디님이랑 나 만나자고 했다.

김선영　가면서 그랬다. "이 언니가 왜 부르지. 이 언니도 안 하려나 보다" 그랬다. (웃음) 불안해하면서 갔던 기억이 난다.

문소리　윤주는 이런 소규모 작업도 처음이고 쉽지 않은 캐릭터고 그래서 많이 어려워하길래 우리가 뭐든 해줄게 하고 약을 팔았지. (웃음)

김선영　사실 지금 말하자면 기가 막히게 이야기하더라고, 윤주 꼬실 때. (웃음) 난 윤주가 대단하다는 생각이 든다. 우리야 하던 일이니 이것도 하고 저것도 하는 건데, 이 영화에서 별 미친 짓을 다하는 거야. (웃음) 어떨 때는 우리끼리 쟤는 왜 저러지, 소리 언니랑 둘이서 그랬다. 그전에 많은 배우가 거론됐지만, 윤주 말고는 생각이 안 난다고. 아니었으면 어쩔 뻔했어. 첫 촬영 끝나고 내가 집에 가면서 윤주한테 전화를 했다, 너무 서프라이즈여서. 이 친구가 너무 신기하더라고. 나는 10년이 넘는 시간 동안 연기만 보고 살아온 사람이야. 그런데 이 친구는 밥 먹고 연기만 하는 사람이 아니잖아. 내가 우리 극단 배우들 지도하는 방식으로 신마다 이야기를 해주는데, 흡수가 정말 빠르더라.

문소리   솔직히 얘기해. 내가 얘기할게. 너 처음 연습했을 때, 애 사무실에서.

김선영   언니 얘기하지 마. 내가 언제 얘기하라고 했어. (웃음)

문소리   네가 큰일 났다고, 난리 났다고. 안 되겠다고, 어떻게 해야 할지 모르겠다고. 간이 철렁한다고 했잖아. (웃음)

김선영   녹음기 끄라고! 이거는 책에 쓰지 마요. (웃음)

문소리   왜, 이런 걸 더 써야지.

김선영   왜냐하면 윤주가 처음에 그냥 연기를 하는 거야. 연기를 하더라고. 그런데 이 작품은 그냥 그렇게 연기를 해서 되는 작품이 아니거든. 이 작품은 사실 표현되는 것보다 표현할 수 없는 것에 대한 얘기잖아. 그걸 연기로 보여줘야 하는데, 연기를 하니까 나는 식겁한 거지.

문소리   그런데 애가 그다음에 나보고 뭐라 그랬는지 알아? "언니, 개 천재예요, 천재."

김선영　나는 극단(극단 나베)을 만들 때 연기 디렉터가 있는 극단을 만들고 싶었고, 내가 그 역할을 하고 있잖아. 그러면서 많은 배우를 만났는데, 윤주는 그중에서도 참 신기한 지점이 있는 친구다. 그래서 우리 극단 배우들한테 지금 하는 이야기가 뭐냐 하면 "야, 세계적인 모델은 다르더라."(웃음) 모델 일도 예술관을 들고 자기가 표현을 해야 할 거 아니야. 윤주는 모델로 아주 다양한 콘셉트들을 받아서 표현해온 사람이고, 그게 연기에도 반영이 되는 거지. 테이크를 가면서 이야기를 하면 그걸 너무 잘 받아들이고 반영했다. 나는 앞으로 윤주가 좋은 연출을 만났으면 좋겠어. 이 친구가 가능성이 어마어마해.

장윤주　현장에서 내가 어떤 사람인지 볼 수 있었던 게 〈베테랑〉 하나밖에 없기 때문에 내가 배우로서 어떤지 전혀 몰랐다. 그땐 감독님이 딱 원하는 그림이 있고 그 이상의 것을 하기가 어려웠다면 이번엔 내가 할 수 있는 걸 다 해본 현장이었다. 선영 언니가 이렇게도 해보자, 저렇게도 해보자 하는 걸 따라가보면서 내가 확확 바뀌는 걸 느꼈고, 나 스스로도 '어, 디렉션에 따라 많이 바뀌네. 모르니까 고집 피우지 말고 일단은 수용하자' 한 거다. 어떻게 보면 모델로서도 유연한 사람이고 싶다는 생각을 늘 했거든. 이미지가 다양한 사람보다는 좀 더 유연한 사람이면 좋겠다는 걸 염두에 두고 작업했는데, 이번에 그걸 확인한 시간인 것 같아서 이 작품이 소중하다. 연기자로 계속 작품에 도전할 수 있는 그런 힘을 이번 작업을 통해서 얻은 거지.

혹시 신내림 아니야? 열나거나 아프거나

〈세 자매〉의 여성은 각자의 영역에서 다른 운명을 살아간다. 꽃집을 운영하는 첫째 희숙은 암에 걸려 곧 죽을 처지다. 함께 사는 딸(김가희)과의 관계는 어긋나버린 지 오래고, 남편(김의성)은 가끔 들러 애써 모은 돈을 뜯어내는 비열한 존재다. 이 모든 불행을 자신의 탓으로 돌리며 "미안하다"라는 말을 입에 붙이고 사는 갑갑한 여자다. 셋째 미옥은 희곡을 쓰지만 이렇다 할 작품을 남기지 못해 콤플렉스에 빠져 있고, 그 울분을 술로 풀며 자신을 '쓰레기'라고 지칭하는 여자다. 야채 가게를 운영하는 남편(현봉식)과 남편의 전처 사이에 생긴 아들(장대웅)과 살고 있는데, 주변에서는 '돈 보고 결혼한' 거라고 수군댄다. 둘째 미연은 세 자매 중 겉으로는 가장 '그럴듯한' 모양새를 갖추고 사는 여자다. 잘 꾸며진 아파트에 살며 교수 남편(조한철)에 아이 둘을 둔 미연은 교회에서 합창부 지휘를 하며 사람들의 명망을 얻지만 남편과 애정은 식은 지 오래고, 완벽한 가정을 꾸리기 위해 매사 전전긍긍하는 여자다.

이화정　　이승원의 세계가 거칠고 폭력적이라는 말에는 동의한다. 그런데 많은 영화가 폭력을 외부로 발산해 그 힘을 과시한다면 이승원 감독의 작품 속 상처받은 캐릭터들은 고통의 원인을 제공한 바깥으로 화살을 돌리는 대신, 웅크리거나 스스로를 학대하는 자학의 세계로 진입한다. 캐릭터를 연기하는 배우에게 내면의 고통을 상당히 많이 감내하게끔 만드는 연기다.

장윤주 완전히 빠지지 않으면 할 수가 없는 작업이었다. 그걸 느낀 게, 코로나 때문에 한창 민감한 시기에 열이 나서 검사를 받으러 간 적이 있었다. 열이 팔에 있다가 좀 지나면 다리로 갔다가 계속 이리저리 옮겨 다니는 거야. '이거 혹시 신내림 아니야?' 이럴 정도로 열이 막 몸에 돌아다녔다. 그래서 소리 언니한테 새벽에 문자를 보냈다. 내가 다른 일도 못 하고 이렇게 아픈 게, 아무래도 이 캐릭터가 되게 좀 부담스럽고 싫은 거 같다고. 그게 몸으로 오는 것 같다고. 이 캐릭터가 막 예쁘고 이런 게 아니라 열등감이 크고 추해 보이는데도, 거기서 이 사람에게 등 돌리지 않도록 납득을 시켜야 한다 생각하니 힘들더라. 지금은 많이 순화된 버전인데, 처음엔 이 여자가 이렇게까지 해야 하나 이해가 안 가는 지점이 많았다. 아들 학교에 가서 남편 전부인 앞에서 토하고, 집에서 팬티랑 늘어난 티셔츠만 입고 있고 아들한테도 가슴이 보이게 다니고. 그렇게 처음 시나리오상으로는 미옥이 차림새도 지금보다 더 셌다. 질질 짜면서 울기도 많이 울고……. 내 이야기를 듣더니 소리 언니가, 무슨 이야기인 줄 안다고 하더라. 언니도 〈오아시스〉(2002)를 비롯해 여러 작품을 하면서 그런 고민의 시간이 많았다고 언니 이야기를 자주 들려줬다. 거기서 힘을 많이 받았다.

문소리　윤주도 그렇고 나도 많이 앓았다. 차라리 내가 셋째를 하면 신나게 하겠구만. (웃음) 나는 나대로 내 캐릭터가 싫어서 몸이 아프더라. 이 여자를 알겠는데, 알겠어서 싫었다. 미연이처럼 스스로 닦달하는 거, 그게 딱 내가 싫어하는 내 부분이다. 보면 나도 가족한테 그런 면이 있어. 집요한 면도 있고 완벽하게 보여야 한다는 강박도 있다. 숨기고 있는 부분이고, 마주하기 싫으니까 그게 몸살 나도록 싫더라. 연기 인생 20년 만에 처음이었다. 이렇게 마주하기 싫은 캐릭터를 만난 게. 더 센 캐릭터도 했지만, 그땐 재밌어서 했다. 내가 안 가본 세상으로 가는 게 배우한테는 흥미로운 일이니까. 그런데 이번엔.

김선영　애매하게 자기랑 걸쳐 있는 거, 그게 연기하기 제일 어렵지.

문소리　응. 그런 게 꼴 보기 싫고, 뭔지 알겠고. (웃음) 촬영 들어가기 열흘 전까지도 생각하기가 싫고, 합창 지도 배우고 지휘 배우고 그러는데도, 새로운 걸 배워 재밌는 게 아니라 저항감이 더 커지더라. 징글징글한 기분이었다.

이화정　장윤주 배우의 전화를 받은 것처럼 릴레이로 김선영 배우한테 전화를 했나. 어떻게 그 저항감을 극복했나.

문소리　마음을 잡아야 하는데 어떡하지 그럴 때 선영이를 만났고, 마침 자기 언니 이야기를 했다. 그래서 "선영아, 나 네 언니 한번 만나게 해주면 안 돼?" 부탁했다. 선영이 언니가 교회 활동에 신실하고 직장 생활 열심히 하고 굉장히 모범적인 분이시다. 언니는 선영이를 끝 자만 따서 '영아' 그렇게 부르는데, 소리 배우 좀 만나달라고 했더니 "영아, 네 영화에 도움이 되는 거면 뭐든 할게. 월차라도 내서 바로 갈게, 당장이라도" 했다더라. 그렇게 만나서 언니가 해준 말들이나 태도가 엄청 나한테 길을 열어주는 거 같았어. 되게 슬펐고.

김선영　슬펐다고? 왜?

문소리　언니가 슬픈 이야기는 안 했어. 그런데 네 언니도 첫째고 나도 첫째라서 그런지 뭔가 마음이 통하는 게 있었다. 자세한 히스토리를 이야기해준 건 아닌데 언니가 너를 생각하는 마음을 알겠더라. 자식에 대한 마음도 강하고, 그런 게 느껴졌다. 난 이 언니를 잡고 가야겠다! 그러면 되겠다 싶었지. 촬영 열흘 전에야 실마리가 풀렸다.

김선영　우리 언니가 기도할 때마다 '우리 영아가 죽지만 않게 해주세요' 했대. 왜 그랬을까 생각해보면 내가 너무 막 사니까. 언니는 정말 내가 죽을까 봐 걱정을 한 거야.

문소리   그거였대! 그 이야기를 들으니까 미연이가 동생 미옥이를 생각하는 마음이 정확하게 뭔지 알겠더라. "미옥아, 미옥아. 왜 그래, 왜 그래. 그럼, 그럼." 미연이가 막무가내로 떼쓰는 미옥이의 전화를 인내하고 달래면서 받을 때 그 대사가 나오더라고.

김선영   우리 언니는 아직도 내가 어디를 간다고 하면 그렇게 걱정을 해. 내가 남편이 다 해주고 예전엔 전 남자 친구가 다 해주고 또 친구가 다 해주고 지금은 매니저가 다 해주잖아. 진짜 내가 뭘 모르는 게 많거든.

문소리   그러니까 얘가 겁이 많아. 사람들이 선영이 보고 세 보인다고 할 때 표정, 그거 굉장히 겁먹은 표정이다. 잘 안 해본 거라 겁먹은 거야. (웃음)

김선영   장난 아니지. "언니, 그거 어떻게 해요?" 맨날 물어보잖아. 어, 어떻게 해야 하지. 난 정말 연기하는 거 외에는 아무것도 없어.

문소리   아무튼 너네 언니한테 정말 고마운 게 많아. 아니었으면 '어떡해, 아후' 그러면서 짜증만 냈을 텐데. (웃음)

이화정　　　말 그대로 통증 유발 영화다. 다들 한 번씩은 겪고 지나가는 관문처럼 앓고 지나간 거다. 선영 배우는 그래도 이승원 감독의 세계에, 가학적인 캐릭터에 세 배우 중 가장 익숙하지 않았을까.

김선영　　　나는 아예 생각도 안 하고 있었지, 생각하기 싫어서. 언니가 "첫째는 네가 해라" 했잖아. "네" 대답만 하고서는 보고 싶지가 않아서 책(시나리오)을 덮었어. 아니까, 너무 잘 아니까. 고통스러우니까, 싫어서 안 봤어. 힘들 게 뻔하니까.

문소리　　　늘 "나 너무 시나리오 보기 싫어" "보지도 않았어" 입버릇처럼 그랬다. 안 봐도 된다 싶었던 게, 사실 넌 이 이야기를 너무 잘 알아. 첫째든 둘째든 셋째든. 얘는 세 자매는 아니지만 삼 남매에다 자기의 어린 시절 이야기가 감독님을 통해서 작품에 알게 모르게 투영된 것도 있었을 거고.

김선영　　　짜증이 나서 생각을 안 하고 있었지. (웃음) 잘 알아서 안 본 게 아니라 나한텐 생각하고 싶지 않은 거다. 그런데 배우가 생각하고 싶지 않다고 해도 이미 캐스팅이 되면 여기, 몸 어디에 그 사람이 딱 붙어 있어. 아무리 끊어내려고 해도 붙어 있어. 몸에 붙인 파스 같아. 나는 그냥 제쳐놓고 있다고 생각했지만 그게 내 일상을 지배하고 있었을 거야. 그런데도 난 애써 신경 안 쓴다

고 생각하고 지냈지. 캐스팅 어떻게 할 거야, 제작비 어떻게 된
대? 이런 이야기는 하면서도 이 인물 이야기는 애써 꺼내지도 않
는 거지.

이화정　그렇게 애써 외면하고 묻어두었다가도, 막상 작품에
들어가면 그렇게 완벽할 정도로 몰입이 가능해지는 건가. 희숙
이 가진 감정의 골이 마디마디 아프게 다가왔다.

김선영　나는 대본에 쓰인 대로 한다. 인물을 보면 어떻게 표현
할지 생각을 안 하고, 정말 대본에 쓰인 대로 한다. 왜? 왜 이러
는 거야? 뭐 때문에? 여기에 중점을 두고 생각하고, 이해가 안 가
면 들어가기 전에 어떻게 해서든 먼저 고쳐달라고 한다. 캐릭터
를 어떻게 표현해야겠다 고민하는 부분은 딱 하나, 비주얼적인
부분에 한해서다. 애는 이렇게 하고 있을 것 같은데, 그것만 생
각한다.

문소리　처음부터 너는 그 부분이 굉장히 명확하더라. 얜 이렇
게 하고 있을 거야 정하고 나면 선영이는 합의가 없다. 이거 왔
어, 하면 그렇게 가는 거지. 그 캐릭터의 룩이 정확하게 있다. 정
말 디테일하게 바지, 색깔 같은 걸 굉장히 정확하게 구현한다.
이번뿐만 아니라 선영이가 하는 캐릭터를 보면 늘 그게 먼저다.

김선영　　그 부분에 대해서는 고집이 확실하다. 난 많은 캐릭터가 그 부분에 되게 허술하다 싶어. 연기를 잘하고 못하고를 떠나서 전체적으로 이 시나리오를 어떻게 끌고 갈지 생각하는 데 있어서 비주얼을 정립하는 게 굉장히 중요하다고 믿거든. 캐릭터가 하고 있는 작은 목걸이나 시계 같은 사소한 소품도 그걸 구입했던 역사가 있고, 그게 모여서 캐릭터를 만드는 거다. 난 그래서 인물을 생각할 때 '얘가 어떻게 하고 있지' 그걸 제일 먼저 생각한다.

문소리　　그러니까 윤주가 탈색 머리 콘셉트를 갖고 왔을 때 선영이가 바로 이해를 했다.

김선영　　무슨 말인지 바로 알겠더라. 나도 연기를 그렇게 접근하는 편이라서. 물론 배우마다 접근 방법은 여러 가지고 정답은 없다. 어떤 배우는 똑같은 동작을 100번 반복해서 거기서 뽑아내는 경우가 있고, 어떤 배우는 100가지를 다르게 해서 거기서 하나를 쓰는 배우가 있는데 나는 후자 쪽이다. 맞는 게 정해지면 그걸 될 때까지 하는 배우도 있는데 난 그렇게까지는 못한다. 그런 인내심이 없고, 그렇게 열심히 하는 스타일도 아니어서. (웃음) 그냥 그 순간에 느껴지는 대로 하는 스타일이다.

문소리　　한마디를 해도 그 인물이 왜 그 말을 하는지 성립이 돼

있으니까, 선영이가 희숙이를 연기할 때 현장에서 보고 있으면 어떤 식으로 해도 말이 되는 거야. 직관이 있고. 그리고 이 말을 왜 했는지 아는 건 직관에서 더 나아가서 그 인물의 역사를 이해하는 거거든. 그게 딱 다 한 번에 되는 배우인 거지.

김선영　　배우마다 타고나는 게 다르기 때문에 똑같은 연습을 해도 그렇게 다를 수가 없다. 나는 신경질 나면 화내고 소리 지르고 표출하는 캐릭터고, 언니는 그냥 가만히 있는데 안에서는 용암이 끓어. 배우로서 그 상태가 복이지. 노력해서 얻어지는 게 아니라 지가 그렇게 살아서 그런 거야. (웃음) 그런 거 보면 노력으로 안 되는 게 있는 거 같다. 언니가 했던 역할들을 보면 안으로는 미친 것 같은 내면을 가지고도 정상적으로 보이는 사람을 많이 했지. 문소리라는 사람은 마음 안에는 레이어가, 엄청 저미듯이 쌓여 있는 사람이다. 내면에서 끊임없이 전쟁을 하고, 그게 연기의 스펙트럼이 된다. 나는 지금도 〈박하사탕〉(1999)에서 언니가 트럭에 탄 군인들이 소리 지르고 그 앞을 걸어가는 장면에서 놀랐던 게 생각난다. 그냥 단순히 걸어가는 장면인데도, 그 안에 너무 많은 거야, 레이어가. 다소곳하고 수줍어하는 것만 있는 게 아니라 '어, 근데 쟤 되게 성깔 있는데' 그런 게 다 보이더라. 겉은 차갑고 심플한데 그게 그냥 단순히 심플한 걸로 보이지 않는 똘끼가 있어.

문소리 　난 네 연기가 좋은 게, 힘이 좋아. 그래서 내가 자꾸 지하 암반수라고 하는 거야. 현장에서 모니터를 보는데도 너무 좋은 거야, 그 힘을 보는 게. 사실 남자 배우들은 자기가 힘이 부족해도 일부러 힘을 과시하는 연기를 할 때도 있어. 그런데 여자 배우들은 힘을 과시하거나 펼칠 캐릭터가 나오지 않고 주어지지도 않는 편이잖아. 너처럼 원래 힘이 엄청난 배우가 드물어. 네가 연기하는 거 보면 "야 쟤 힘 봐라, 힘 봐라" 그런다. (웃음) 보는 내가 너무 힘이 나는 거야. 그게 너무 좋아.

장윤주 　처음에 작은 화면으로 시사를 봤을 때 선영 언니의 예측할 수 없는 연기, 불도저처럼 팍 튀어 나가는 것들이 보는 재미가 있었다. '어, 저 여자 또라이다.' 역할이 아니라 저 연기를 하는 배우 자체가 또라이구나 (웃음) 싶더라. 또 큰 스크린으로 기술 시사를 할 때 다시 보니까.

문소리 　문소리가 다 하지. (웃음)

장윤주 　선영 언니가 말하는 레이어가 뭔지 알겠더라. 두 배우가 영화를 쭈우우욱 끌고 가는 게 있었다. 두 가지가 다르게 매력적으로 화면 안에 존재하는구나.

문소리 　나는 또 윤주 연기를 보면서 재밌었던 게, 외형적으로

사진 이화정

도 길고 말하는 것도 표현이 시원시원한데 그 안에는 또 굉장히 여린 부분이 있어. 윤주를 보면 이 두 개의 충돌이 있어. 그런 게 이 캐릭터에 맞고 그 부분이 보이는 게 좋았다.

폭력의 시대, 무의식이 말하려는 것들

〈세 자매〉의 세 여자 모두 부모로부터 구하지 못한 것, 폭력의 시대를 각자의 방식으로 기억하고 있다. 자신이 왜 이렇게 됐는지 스스로는 모르지만 떳떳하지 못한 첫째 희숙, 폭력을 보고도 막지 못했다는 죄책감을 느끼고 있는 둘째 미연, 인지하지 못하지만 그 폭력을 무의식 중에 기억하고 감정을 컨트롤하지 못하는 셋째 미옥. 의식하든 하지 못하든 이들 모두, 다음 세대에는 내가 겪은 아픔을 전가하지 않으려는 의지가 엿보인다. 각자의 가정을 꾸린 이 세 여자는, 그래서 이걸 '모성'이라는 이름으로 표출하지만 그게 생각처럼 잘되지 않는다. 딸과의 관계가 역전되어 전전긍긍하는 희숙, 아이를 훈육하는 미연, 아이에게 애정을 주는 방법을 모르는 미옥. 이들이 알게 모르게 겪고 있는 증상들이야말로 피해자가 짊어지게 되는 폭력, 그 후의 양상이 아닐까.

이화정   작품 속 캐릭터를 자연인 자신과 연장선상에 두고 해석하는 건 위험하겠지만, 〈세 자매〉의 캐릭터를 보면서 가부장제 사회에서 나고 자란 딸들이자 그렇게 성장해 가정을 꾸리고 아이를 낳고 엄마가 된 여성에 대한 연결선을 지울 수는 없을 것 같다. 세 배우 모두 작품의 배경이 된 시대를 거치며 자랐고, 지금은 결혼해서 아이를 둔 엄마이기도 하다. 거기서 오는 이해의 지점이 컸을 것 같다.

문소리　처음에 윤주가 하기로 하고 너무 기뻐 내가 이사 간 김에 집들이를 하자 해서 가족끼리 다 모였다. (김)상수 피디도 와이프랑 오고, 나도 선영이도 윤주도 공교롭게 딸 하나씩 있어서 모이니까 뭔가 기분이 남다르더라.

장윤주　기자님이 하신 무의식이라는 말이 난 크게 와닿았다. 대외적으로 나는 굉장히 밝은 사람처럼 보이는데 실제의 나는 우울감이 많다. 병원도 가보고 교회도 가고 그러는데 원인을 좇아가다 보면 자꾸 어린 시절로 돌아가더라. 우리 아버지가 영화 속 인물처럼 지극히 폭력적이거나 대단한 사건이 있는 건 아니었지만, 정서적으로 우리 세대가 가부장제 사회에서 여성이 겪은 고초는 모두 익숙하지 않나.

문소리　맞아. 그래서 이 작품 하면서 서로의 부모나 어린 시절에 대해 자연스럽게 얘기를 많이 하게 됐다. 나는 얘가 자기 딸이 좋아하는 남자 찾아가서 "제발 우리 딸 만나지 말아요. 우리 보미는 더 좋은 사람 만나야 돼요"라고 울면서 무릎 꿇고 비는데,

너무 웃기면서도 눈물이 흐르는 거야. 연기를 기가 막히게 잘해서 웃음이 나오면서도 그렇게 눈물이 나오더라.

김선영　희숙이라면 충분히 갈 수 있다고 생각했어. 어떻게 그렇게까지 했을까 생각해보면 100번도 하고 남았을 거야. 이 여자 눈엔 그거밖에 안 보이거든. 난 곧 암으로 죽을지 몰라도 내 딸은 좋은 남자 만나야 되고, 명확한 거지. 내가 뭐가 그렇게 대단해. 딸을 위해 줄 돈이 있어 뭐가 있어, 찾아가서 이야기하는 거지.

문소리　너 돈 있던데, 많던데. 돈 뜯어내러 온 남편한테 많이 주던데. 5만 원짜리 준비해가지고. (웃음)

김선영　견딜 수 없는 무의식이 기억하든 내가 기억하든 그 복합적으로 어느 순간 크레이지한 순간이 왔을 때, 희숙이는 자기 몸을 긋거나(자해) 잘못하지 않고서도 사람들한테 자꾸 '미안하다, 미안하다'고 한다. 이 여자를 보는 사람들은 괴롭겠지. 그런데 나는 괜찮거든. 나는 거기서 아이 돈 케어, 행복한 사람이야. 미안하다고 해버리면 죄책감도 덜어지고. 때로 남들이 나 싫어하는 거 같은데, 그런 고민이 들 때도 있지만 괴로운 마음이 들면 이 여자로서는 또 자기를 그으면 되니까. 이 여자 입장에서는 되게 단순한 질문이거든.

문소리　그게 너무 가슴을 후벼 파. 그런데도 또 연기가 기가 막혀서, 나는 남편이랑 편집본을 보면서 희숙이랑 남편 연기한 김의성 선배랑 연기하는 게 너무 웃겨서 배꼽을 잡았다. 우리 부부가 그걸 그렇게 따라 해. 남편이 살쪘다고 무시하면서 희숙이 배를 잡으면 "아, 아파라" 하는 그 장면.

김선영　그거 애드리브야. 고 테이크에서 유독 세게 잡았어. 김의성 배우가 그전에는 살살 하셨어. 너무 조심하시더라고. 그래서 "괜찮으니까 마음껏 잡으세요. 오늘을 위해서 두둑하게 준비했어요" 하니까 막 웃더니 진짜 세게 잡으시더라고. 그래서 "아, 아파라"가 나온 거야.

이화정　세 여자 모두 남성이 디폴트가 되는 기울어진 세상에 발을 붙이고 있는 여성이다. 과거에 자신들을 학대했던 아버지를 향해 사과를 요구하지만 그렇다고 영화의 절반에 해당하는 남성을 모두 적으로 간주할 수는 없다. 우리 모두 같이 잘 살아가야 하는 게 궁극적인 해결 지점이니까.

문소리　난 우리 영화가 여성이 주축이 되는 이야기고, 감독님이 자기가 본 여성들의 삶을 솔직하게 더하지도 않고 뺀 것도 없이 펼쳤다고 생각한다. 감독님이랑 나랑 굳이 페미니즘 이야기를 안 해도, 여성의 삶을 이야기하면 그냥 이해되고 서로에 대해서 알 수 있다고 봐. 감독님도 남자지만 자기 엄마를 보고 자랐고, 아내가 있고 딸이 있다. 어떤 사람의 삶을 이해하려면 남성이라도 여성의 삶을 이해해야 하고, 여성도 남성의 삶을 이해해야 한다. 그것이 이 세계를 이해하는 데 기본이 아닐까. 세 자매의 어린 시절을 보여주는 플래시백 장면에서 어린 희숙이가 매 자국 난 막내 남동생을 안고 있는데 너무 끔찍해가지고 볼 때마다 울어. 저런 폭력이 옛날에는 아무렇지 않게 여러 집에 있었지만 그게 얼마나 큰일인지 우리가 알아야지 하고.

장윤주   언니들도 그렇고, 우리 때는 늘 아버지들이 문제였고 가정 폭력의 주범인 적이 많았지.

문소리   진짜 나이 들면 더 느끼는데 엄마 이슈 아빠 이슈가 커, 우리 인생에서. 그 이슈들이 우리 정서에 미치는 영향이 너무 크고. 우리 영화가 세 자매, 딸들의 이야기지만 남자 스태프들도 자기 아버지 이야기를 털어놓게 된다고 하더라.

김선영   한편으로는 나는 거기서 좀 벗어났으면 좋겠어. 그 상처를 지우거나 잊어버리자는 건 아니지만, 어차피 인생은 고Go니까. 그래서 나는 이 드라마에서 우리가 바닷가에 모여 사진 찍는 게 너무 좋아. 한바탕 사건이 있은 뒤에 과연 이들이 변했냐는 거야. 뭘 그렇게 변해. 폭력의 주범이었던 아버지를 향해 "사과하세요" 하고 물은 건 큰 의미가 있긴 한데, 그렇다고 달라진 거 없잖아. 난 이게 굳이 과거의 이야기라기보다는 현재 이야기고 앞으로의 이야기고 미래의 이야기, 영원한 이야기일 것 같은데. 우리가 한 주체로 살아가는 데 있어 외부에서 오는 많은 폭력으로부터 자유로워지는 게 핵심인 것 같아. 해결책이 이 여자들한테 생길 리는 없지만, 또 그냥 앞으로 가는 거지. 이 멋있는 세 명의 여자들이 그냥 그렇게 사는 거잖아. 멋있게 사는 여자들 이야기로 보였으면 좋겠다.

문소리 　　난 희숙이가 바닷가 장면에서 "참 거지 같아" 이러는 게 그렇게 좋아. (웃음) 사실 아버지에게 그렇게 되묻는 마지막 부분이 참 어려운 지점이었어. 결국은 우리가 이런 이야기를 하면서 그런 아버지 세대나 폭력의 시대를 비난만 하고 끝날 것인가. 우린 지금 '태극기 부대'하고 같이 살아가는 시대잖아. 그들이 우리 할아버지일 수도 있고 아버지일 수도 있고. 그렇다면 그 사람들을 어떻게 이해하고 같이 살아가야 할까 그런 세상에 대한 고민이 있어야 하는데, '저들이 우리한테 저랬대요, 옛날에 그랬어요'라는 투정처럼 보이지 않으려면 어떻게 해야 하나 그런 고민이 많았던 거 같아. 후시 작업 할 때까지도 그 대사를 다 같이 고민했던 기억이 나.

이글이글하게, 여자 배우들이 딱 붙어서

이승원 감독은 "세 배우가 가진 이 영화에 대한 애정이 내가 필요에 의해 영화를 만드는 이유보다 더 컸던 것 같다"라고, "배우의 열정만으로 끌려갔고, 더 잘 담아내지 못한 아쉬움이 크다"라고 말한다. 결국 그 말을 풀어보자면 나는 이 애정이 세 배우가 가진 무형의 투자에서 비롯되었던 게 아니었을까 싶다. 세 배우가 이 영화로 대단한 성공을 얻을 수는 없을지도 모르지만, 시장에서 아직 작은 위치에 불과한 여성 서사가 만들어질 수 있게 해주고, 또 나이를 먹어가는 배우로 이런 영화에 투자함으로써 후배 배우를 끌어주는 하나의 발판이 아니었을까. 단순히 역할을 잘할 수 있다는 자신감을 넘어, 지금까지 축적해 온 무형의 자산을 이 작은 영화에 거침없이 투자할 수 있는 자신감으로 보여 반가웠다.

이화정　　세 배우의 각축전, 감독에게는 행운이자 부담이 되는 현장이었을 것 같은데. 감독님이 현장에서 배우들의 애정의 깊이를 느꼈다고 하더라. 여성 서사, 그중에서도 중년의 여성에게 기회가 적은 영화계에서 이 '투자'는 값지다.

김선영　　나야 투자라기보다 이승원 감독 작품을 좋아해. 굉장히 좋아하는 연출이고 감독이야. (웃음)

문소리　　무엇보다도 이런 영화가 있었으면 좋겠다 싶었어. 난 여자 배우들이 붙어가지고 이글이글하게 연기하고 이런 거 개인적으로도 보고 싶었는데 그런 게 잘 없잖아. 이글이글이라는 게 폼 잡고 이글이글 이런 거 말고 연기 에너지를 뿜어내는 그런 거. 이 시나리오는 보자마자 그런 가능성이 보였어. 하루는 감독이랑 선영이가 충돌을 해서 살벌하게 싸웠던 적이 있어. 배우들 말 들어보니까 연극할 때도 그렇게 살벌하게 싸운대. (웃음) 진짜 나는 무서울 정도야. 난 남편이랑 한 번도 그렇게 이야기해본 적이 없거든. (웃음)

김선영 내가 연기 디렉팅을 하고 이승원 감독이 연출을 하니, 두 포지션이 싸울 수 있지. 연극 할 때는 무시무시해. 극장에서 나간 적도 있어, 연출이. (웃음) 그러면 처음 들어온 배우들이 "그러면 여기서 선영 언니 말만 들으면 되는 거예요?" "우리 극단에 김선영 라인, 이승원 라인이 있어. 너 누구 라인이야!" 이렇게 되는 거지. (웃음)

문소리 그날 선영이가 갑자기 나한테 와서 "언니, 이 신 왜 있어야 하는 거야!" 하는 거야. 미옥이가 자기 남편한테 (섹스) 한 번 하자 하는 신이 있는데, 선영이는 그 신이 너무 싫었나 봐. 내가 진지하게 "선영아 나는, 한국영화에서 그냥 어떤 여자가, 엄청 에로틱 초 섹시한 것도 아닌 여자가 남편한테 '그냥 한번 하자' 먼저 얘기했다가 또 금방 마음이 바뀌어서 '다음에 하자' 하는 그런 신을 본 적이 없어. 나는 이 신 때문에 미옥이가 너무 멋있어" 그랬더니 금방 "아, 이 신 있어야 하네" 그러는 거야. (웃음) 그렇게 탁 터놓고 대화하기가 쉽지 않아 현장에서는.

장윤주　이글이글. 다음에는 좀 더 붙어서 해보고 싶어. 각자 이야기가 많아서, 영화에서는 서로 잘 안 만나니까. 이번 영화에선 전화로 소통하긴 했지만 직접 붙어보고 싶은 거지.

이화정　전화 장면 이야기가 나와서 그런데, 이승원 감독님께 현장 분위기를 물었더니 스태프들이 아니라 배우들이 모두 리액션 연기를 해줬다고 자랑을 하더라. 정말 분위기 좋은 현장에서 리액션해준다는 이야기가 미담 에피소드로 나오는데 현장에 그 분위기가 형성된 거다. 본인 신 없을 때도, 세 배우가 거의 현장을 지켰다고. 그렇게 서로를 바라봐주고 연기를 어떻게 하는지 지켜봐주는 힘이 작품에 반영될 수밖에 없다.

문소리　그래서 전화 촬영할 때 보통 스태프들이 상대 역을 해주는데 우리 다 직접 했잖아. 만약에 없으면 멀리서 통화하는 거야. 그러면 사운드가 들어올 수 있잖아. 그래서 머리카락에 에어팟을 숨겨놓고 통화를 해. 근데 한번 윤주가 방송 녹화가 있었어. 전화가 안 되는 거야.

김선영　응. 그래서 내가 전화했어.

문소리   왜냐하면 얘가 촬영할 때 맨날 있었기 때문에 어떻게 연기하는지 알거든. 계속 과자를 먹으면서 통화를 해서, 그래서 애드리브가 나온 거야. "미옥아, 과자 좀 그만 먹고 밥 먹어." (웃음) 이게 대사에 없었는데 선영이가 너무 먹는 거야, 과자를. 와그작와그작. 통화하는 동안 과자 한 통을 다 먹더라고.

김선영   우리 정말 스페셜했어. 정확하게 연기만 보고 연기만 이야기하고. 쓸데없는 기 싸움이라든지 이런 거 없이 오로지 좋은 연기만 위해서 움직여주는 현장. 소리 언니가 나한테 그러더라고. 선영아 이렇게 만나는 거 불가능해. 스태프들까지.

문소리   우리 강원도에서 마지막 촬영하고 쫑파티 하는데 스태프들이 눈물을 글썽이면서 이 영화 안 끝났으면 좋겠다고 그러더라. 우리가 돈을 많이 줬어, 아니면 대단한 밥을 챙겨줬어. 그런데 자기들도 촬영하면서 속 이야기를 하고 울고 웃고 했던 것들이 기억에 남는 거야. 그 이야기를 들으니 내가 너무 울컥해가지고. 이러다간 술꼬장 부리겠다 겁이 나서 중간에 도망 왔어. (웃음) 다시 못 올 현장인데 생각해보면 가장 큰 힘은 장윤주야. 이 친구가 말도 안 되게 오픈 마인드다. 연기를 계속했던 친구가 아니기 때문에 우리를 굉장히 존중해주고 인정해주고 물어봐주고. 우리도 많이 조심했지. 이게 잘못하면 갑질이고 꼰대질이잖아.

김선영　그 선을 지키기 위해 노력하면서 의논을 많이 했지. 그래도 소리 언니 말처럼 윤주가 아니었으면 그렇게 할 수 없었어. 다시 없을 영화 현장이야. 윤주야, 앞으로 더 해보면 알겠지만 이런 현장 처음이자 마지막이야.

장윤주　안 그래도 주변 사람들이 다들 궁금해하고 어땠어, 어땠어 질문을 정말 많이 들었어.

김선영　정말? 뭐가 궁금한 거야?

문소리　뭐긴, 현장이 어땠냐 언니들이 어땠냐 그 등쌀에 잘 살아남았냐 이거지. (웃음)

장윤주　언니들이 어렵지 않냐 무섭지 않냐 그 질문이 제일 많았어. (웃음) 나야 언니들이니까 예의를 갖춰야 하는 건 맞지. 그런데 그 어려움 때문에 현장에서 연기를 못 하고 그런 건 없었어. 언니들하고 현장에 붙어 있고 언니들이 코치해주고 이런 것들이 난 전혀 거슬리지 않았어. 많이 의지했고 내가 나오는 신들 중에 반은 언니들이 만들어준 거다, 정말. 연기적으로는 선영 언니가 처음부터 끝까지 다 봐주고, 영화적인 거 처음부터 끝까지는 소리 언니가 봐줬다. 내가 여기서 정말 바닥만 치지 않으면 되겠다, 배워갈 수 있는 건 배워가겠단 의지가 강해지더라.

문소리   정말 이렇게 인연이 되어 마음껏 일을 할 수 있다는 게 너무 재밌는 거야. 심지어 이제는 딸내미들까지 친구가 돼가지고. 내가 윤주한테도 이렇게 작품으로 인연이 된 거 계속 좋은 인연 만들어보자 그렇게 되더라고.

장윤주   그래서 이렇게 좋은 현장에서 만든 영화라면 얼마나 들 거 같아요. 너무 궁금해. (웃음)

문소리   갑자기 스코어? (웃음) 잘돼야지. 홍보할 돈이 없으니 전략을 잘 짜야 돼.

김선영   아, 나 딱 두 번 하면 지칠 거 같은데. (웃음)

문소리   근데 워낙 선영이 팬이 많으니 우리 미래가 어둡지 않다고 생각해. (웃음) 만들 때 그랬던 것처럼 홍보도 재밌게 하는 방법을 우리가 찾아야지.

김선영   리스트를 좀 써서 줘. 내가 공부를 해서 갈 테니까 어떻게 하면 재밌게 할 수 있는지. 내 마인드를 어떻게 다잡아야 하나.

장윤주   〈비보〉에 한번 연락해볼까. 우리 출연시켜달라고. 언

니들이 연기, 제작 파트를 다 맡았으니까 홍보는 이제 내가 좀 나설까. (웃음)

현장 스틸

세 자매 이야기

현장 스틸

세 자매 이야기

세 자매 이야기

현장 스틸

세 자매 이야기

세 자매 이야기

현장 스틸

세 자매 이야기

현장 스틸 251

세 자매 이야기

현장 스틸

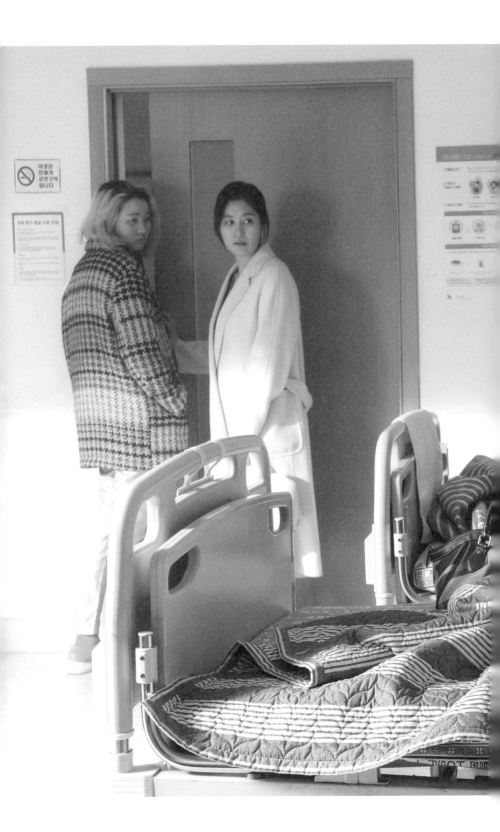

세 자매 이야기

영화평

손희정 문화평론가
김영진 영화평론가

불온하게 교훈적이고,
이상하게 위로되는

손희정 문화평론가

하루하루 얼추 수습하면서 어떻게든 한 걸음씩 움직이는 게 인생이라고 생각하며 살아왔다. 하지만 이승원의 영화는 그렇지 않다고 말한다. 그의 영화에서 삶이란 도무지 정리되지 않는 상태로 그냥 떡 하니 벌어져 있는 것이다. 어떤 선택을 하느냐에 따라서 좀 덜 흉해질 수도 있겠지만, 안타깝게도 이승원의 인물은 나쁜 선택을 한다. 하나의 나쁜 선택은 그다음의 나쁜 선택으로 이어진다. 그리고 삶은 기다렸다는 듯이 최악의 순간들을 펼쳐놓는다. 엉망진창으로 뒤얽힌 시간이 끝도 없이 지속된다.

그러다 보니 그의 영화를 보는 것은 참 괴로운 일이다. 장편 데뷔작 〈소통과 거짓말〉(2015)과 두 번째 작품 〈해피뻐스데이〉(2016)를 보는 내내 갈등했다. '계속 봐야 하나?' 이상한 건, 그럼에도 불구하고 영화를 중간에 끌 수 없다는 것, 스크린에서 펼쳐지는 세계에 이끌려 인물들과 함께 갈 수밖에 없다는 것, 심지어 다음 영화가 궁금해진다는 것이다. 이승원은 우리가 피하고 싶었지만 한번 들여다보기 시작하면 멈출 수 없는 이야기를 만들어내는 재주가 뛰어난 스토리텔러다. 그런 그가 이번에는 세 자매의 이야기를 들고 나타났다. 좀 더 대중적이고 설득력 있는 화법으로, 그러나 늘 그의 작품을 사로잡고 있었던 문제의식은 놓지 않은 채로.

얼굴들

영화는 세 자매 희숙, 미연, 미옥의 뒷모습에서 시작한다. 흑백 화면 속에서 동생 미옥의 손을 잡고 어디론가 뛰어가고 있는 어린 미연의 뒷모습. 현재 시점에서 기찻길 건널목을 건너려고 기다리는 희숙의 뒷모습. 그리고 숙취로 끙끙 앓으면서 식탁으로 다가가는 미옥의 뒷모습. 세 자매는 얼굴이 아니라 뒷모습으로 우리를 초대한다. "당신은 지금 우리를 만났지만 우리의 얼굴을 볼 수는 없을 거예요. 왜냐하면 우리가 숨기고 있는 비밀을 당신에게 보여줄 때가 되지 않았기 때문이죠." 영화의 초반부, 인물들은 (혹은 감독은) 어딘가 음흉하게 이렇게 말하는 듯하다.

세 자매는 닮은 구석이 없다. 둘째 미연은 부동산 투기로 돈을 벌어 최근 고급 아파트 단지로 이사한 참이다. 남편은 잘나가는 대학 교수고, 아들딸은 순하디순하다. 미연이 만들어놓은 가족이야말로 국가가 규정하는 '정상가족' 이미지에 걸맞다. 반면 첫째 희숙은 낡은 꽃집을 운영하면서 딸과 둘이 살고 있다. 고스족 딸은 엄마를 유령 취급하고, 입만 살아서 나불대는 남편은 걸핏하면 찾아와 모욕을 주고 돈을 뜯어간다. 하지만 희숙은 그저 "내가 거지 같아 그런다"며 몸을 수그릴 뿐이다. 자아상만은 대천재 희곡 작가인 셋째 미옥은 알코올중독자다. 아들 딸린 돈 많고 착한 야채 도매상과 결혼해서 남편에게는 극진한 사랑을 받지만, 새아들에게 엄마로 인정받지 못한다. 마음 의지할 곳 없는 미옥은 심심하면 언니 미연에게 전화를 걸어 투정을 부린다. 이런 세 자매는 저마다의 사정으로 지금 인생의 또 다른 고비를 넘어가고 있다. 미연의 남편은 교회의 성가대원과 눈이 맞아 이혼을 요구하고, 희숙은 고생 끝에 암이 왔으며, 미옥은 새아들에게 마음을 쏟을수록 '돌아이' 취급만 당한다.

상황이 진전되면서 우리는 세 자매의 숨겨진 얼굴을 마주하게 된다. 얼굴 하나. 남편의 애인을 자기만의 방식으로 응징한 뒤 미연은 남편에게 뺨을 맞는다. 하지만 아무 일도 없었다는 듯 언제나처럼 교회 성가대를 지휘하는 미연. 그의 얼굴에는 모든 것을 통솔/통제하려고 했던 자가 실패를 외면하려고 할 때의 오기와 비참함이 섞여 있다. 얼굴 둘. 집을 나가겠다고 발악하는 딸을 붙들고 암에 걸렸다고 말하면서 희숙은 "좀 무섭다"라고 고백한다. 괜찮은 척 버텨왔지만 전혀 그렇지 않았던 사람이 자신을 경멸하는 피붙이에게 동정을 구할 때, 그 얼굴은 한없이 비굴하면서도 드디어 공격적이다. 얼굴 셋. 새아들이 학부모 상담에 친엄마를 부른 사실을 알게 된 미옥은 소주를 잔뜩 들이켜고 학교로 찾아간다. "나는 왜 상담을 안 해주느냐"며 패악질을 부리다 결국 토악질을 하고 마는 미옥. 수돗가에서 세수를 하면서 울음을 터트린다. 맨 정신으로는 이상과 현실 사이의 괴리를 받아들일 수 없었던 그는 현실을 대면하게 된다. 세 자매는 숨겨왔던 얼굴을 들켰을 때 비로소 각자의 절규를 폭발시킨다.

영화는 이제 관객의 팔을 조금 더 세게 붙든다. 아버지의 생일을 맞아 고향 집으로 돌아가는 세 자매와 함께 그들의 아픈 과거를 방문해보자고 끌어당기는 것이다. 희숙을 태운 미연의 차가 큰길가 슈퍼 앞을 지나칠 때, 화면은 다시 흑백으로 전환되고 슈퍼로 뛰어가는 네 남매의 뒷모습이 보인다. 우리는 그 뒷모습을 따라 세 자매의 내면의 얼굴들 앞에 놓여 있는 원초적인 시간 속으로 들어가게 된다.

아버지가 계획하신 세계

〈소통과 거짓말〉과 〈해피뻐스데이〉 그리고 〈세 자매〉라는 세 편의 영화를 한 자리에 놓고 보면, 이승원의 영화 세계가 비슷한 문제의식 안에서 조금씩 확장되어 왔음을 알 수 있다.

그의 작품들은 지금/여기를 굴러다니는 개인의 다양한 면모가 결정되는 공간으로서 개똥 같은 가족에 관심을 기울여 왔다. 그리고 개인들이 맺는 관계 안에 사회가 이해하지 못하는 방식으로 폭주하면서 그 관계를 주도하는 여자와, 그 리드를 따라가는 어딘가 소극적이고 '모자란' 남자들을 배치한다. 그러나 여자들이 주도권을 쥐고 있는 것처럼 보일 때에도, 이 세계의 근원적인 고통을 초래하는 자들은 남자들이다. 예컨대 〈해피뻐스데이〉의 선영의 이야기가 그렇다. 선영이 기태와 성일 두 형제 사이에서 줄타기를 하다가 기태를 선택한 것처럼 보이지만, 진실에는 성폭력 사건이 놓여 있다. 성일은 10대를 성폭행하는 동네 깡패를 조지고, 기태는 과거 아현을 성폭행한 성일을 비난하는 와중, 기태가 성일의 애인인 선영을 성폭행해서 '자기 여자'로 삼았음이 폭로된다. 성/폭력의 연쇄고리가 이 저열한 삶의 기저를 이루고 있다.

〈세 자매〉에 다다르면 이 문제의식이 조금 더 구체적으로 묘사된다. "엄마를 때리던" 폭군 아버지가 "밖에서 낳아서 데리고 들어온" 희숙과 진섭이를 때리는, 그 과거를 보여주는 흑백의 장면들 안에서 성/폭력을 가능하게 하는 가부장제와 가족제도의 문제가 선연히 드러나는 것이다. 하지만 아버지의 본성이 사악해서 끔찍한 폭행을 저지르는 건 아니다. 그는 마을의 남성 네트워크 안에서 승인받고 지위를 보장받았음에 그러할 수 있는 것이다.

영화 시작에 등장했던 미연의 뒷모습은 모든 비밀을 품고 있다. 그날 밤, 아버지가 또 주먹을 휘두르기 시작하자 미연은 미옥의 손을 잡고 맨발로 도망친다. 그리고 도착한 큰길 슈퍼에서 동네 아저씨들과 마주친다. "많이 자랐다"며 미연의 머리를 쓰다듬고 아래위로 훑어보는 동네 아저씨. 영화는 성인 남자가 어린 여자를 볼거리로 삼는 시선을 예민하게 다룬다. 미연이 손길을 피하자 어쩐지 머쓱해진 두 남자는 "니네 아버지가 또 때리느냐"고 묻는다. 그러곤 뜬금없이 야단을 친다. "아빠 그만하십쇼. 언니 맞아 죽어요(하고 말렸어야지). 느그만 도망쳐 오면 안 되지." 미연이 답한다. "그럼 신고 좀 해주시면 안 돼요?" 그러자 남자들은 버럭 화를 낸다. "신고? 이놈의 새끼들아. 느그 아버지 수갑 차고, 빨간 줄 그어져가지고 (…) 인간쓰레기 되면 좋겠어?" 그들은 아버지란 작자가 이미 쓰레기임을 보지 못한다(혹은 애써 외면했거나). 이 익숙한 장면에서 우리는 영원토록 지속되어 온 '친밀한 폭력'이 어떻게 커뮤니티 안에서 승인받아 왔는가, 사회적으로 공인되어 왔는가를 확인하게 된다.

영화는 또 하나의 에피소드를 통해서 이런 폭력이 흔한 오락거리, 그러니까 일상 문화에도 스며들어 있음을 보여준다. 해변가에서 세 자매가 춤을 추는 장면이다. 동네 아저씨들이 여자아이 셋을 모래사장에 세워놓고 노래를 시킨다. 미옥은 신이 나서 노래를 부르며 율동을 하고, 미연은 어떻게든 이 순간을 모면하기 위해 미옥을 따라 한다. 하지만 시선을 즐길 수도 없고, 임기응변에도 약한 희숙은 도대체 몸을 움직일 수가 없다. 그 난감한 순간이 마치 아름다운 추억인 양 한 장의 사진으로 박제되어 아버지 집 벽에 걸려 있다. 그렇게 여자아이들이 '무대 위'로 끌어올려져 볼거리가 되는 동안, 아들 진섭은 아버지 옆에 앉아 빼

빼로를 쭉쭉 빨고 있을 뿐이다. 그리고 진섭의 얼굴 뒤로 아버지로 추정되는 자의 모습이 등장한다. 그의 얼굴은 보이지 않는다. 썩은 미소를 띤 비열한 입술만 보일 뿐. 그건 아마도 그게 누구의 얼굴이어도 상관없기 때문일 터다. 이 장면에서 얼굴이 주어지지 않은 남자는 남성중심적 일상 문화의 구조 그 자체로 추상화된다.

그런 과거가 컬러로 재현되는 순간이 있다. 미연과 미옥이 슈퍼에서 집으로 돌아왔을 때, 집 앞에서 마주하게 되는 장면이다. 온몸에 상처가 난 진섭이를 안고 달래고 있는 희숙. 흑백이 과거를 재현하고 있다면, 컬러는 그 폭력과 상처가 현재에도 지속되고 있음을 보여준다. 그 컬러 장면에서 컷이 넘어가면 아버지의 생일잔칫날이다. 미연이 50만 원을 들여 차린 잔칫상 앞에 온 가족이 모여 앉아 있고, 아버지가 식사 기도를 하고 있다. 그때 진섭이 어디에선가 나타나 기도를 통해 자식들을 축복하고 있는 아버지에게 오줌을 갈긴다. "씨발놈아, 너 때문에 다 망했다"라고 저주하면서.

이 순간 우리는 이 영화에서 기도가 단 한 번도 평화로웠던 적이 없었다는 사실을 깨닫게 된다. 미연의 모델하우스 같은 아파트 속 화목은 미연이 딸에게 식사 기도를 강요할 때마다 깨진다. 격렬한 찬송은 타인에 대한 폭력으로 이어지고, 축복은 희숙이 당한 것처럼 사이비의 형태로 등장한다. 그와 비슷하게 십자가 역시 신이 인간의 행복에 가장 무심한 순간에 가장 눈에 띈다.

미연은 십자가만이 밝게 빛나는 깜깜한 방에서 남편 애인의 얼굴을 짓밟는다. 그 처단의 순간에 십자가는 아무런 계시도 내리지 않고 무심하게 걸려 있을 뿐이다. 남편이 미연의 뺨을 때리고 집을 나가는 시퀀스 역시 미연의 집 벽에 걸린 십자가로부터 시작한다. 이승원에게 종교와 가족은 긴밀하게 연결되어 있는 하나의 세계다. 〈해피뻐스데이〉에서 가족이 '괴물의 시체'를 싣고 이동할 봉고를 세워두는 곳은 교회 주차장이다. 교회는 언제나 일종의 공범으로서 그 자리에 존재한다.

그의 영화에서 중요한 건 신앙 그 자체라기보다는 제도로서의 교회다. 가족의 부귀와 영화를 비는 기복 신앙과 만나 거대 기업으로 성장하는 교회를 통해, 공기와도 같아서 잘 포착되지 않는 가족이 또 하나의 제도로서 드러난다. 관계로부터 인간을 소외시키면서 괴롭히는 근원적인 힘은 가부장제로부터 비롯되고, 그 가부장제는 가족제도를 통해서 작동한다. 〈세 자매〉에 이르면 그 폭력이 가족 시스템 안에서 세습된다는 점이 부각된다. 집 안의 실질적인 가장이자 가족들 위에 군림하는 자이며, 모든 것을 지휘·감독하는 자인 미연은 아버지의 집 테두리 안에서 그의 전횡을 학습하고 물려받았다. 하나님 아버지가 계획하신 세계란 '기도하는 가장'으로부터 또 다른 '기도하는 가장'으로 이어지는 폭력이 모두의 삶에 영향을 미치는, 그런 세계다.

"씨발, 사과해라"

세상 둘도 없는 사랑꾼(?)인 희숙의 딸이 매달리는 남자는 인디 뮤지션 블러디폽(피똥)의 병구다. 블러디폽은 "찢어버릴까!"라고 노래 부르며 마이크로 자기 머리를 찧어 이마를 찢는다.

찢어버릴까, 너만 원한다면
찢어버릴까, 너만 괜찮다면
내 남은 삶 그 어떤 것도 난 의미가 없어
그냥 다 찢어버릴까
개같이 생긴 네 면상도
개 같은 너의 가족들도
입으로 똥을 싸는 네 주둥아리도
그냥 다 찢어버릴까, 찢어버릴까, 찢어버릴까……

'찢어버리고 싶다'는 마음은 부당하게 겪어야만 했던 폭력을 향한 마지막 저항일지도 모른다. 그러나 현실에선 가해자를 찢어버릴 수 없다. 그러니 이승원의 인물은 사과를 원한다. 잔치가 난장판이 되고, "정신 차리라"며 진섭을 때리던 미연은 고개를 돌려 아버지를 향해 "사과하라"고 말한다. 어렸을 때 매일매일 "주여, 내일 아침에 자고 일어나면, 아버지만 빼고 우리 가족모두 죽어 있게 해주세요"라고 기도했다면서. 하지만 아버지는 아무 말이 없고, 어머니가 나서서 "너희 아빠 더 이상 안 그런다"

며 아버지를 두둔한다. 가정 폭력의 피해자이면서 동시에 그 폭력의 동조자였던 어머니는, 여전히 아버지를 감싸기 바쁘다. 그때 희숙의 딸이 외친다.

"씨발. 왜 어른들이 사과를 못 하는데. 우리 엄마 암이에요. 빨리 사과하세요, 할아버지. 우리 엄마 암이라고, 씨발, 진짜. 평생 병신처럼 살다가 이제 암 걸려서 죽게 생겼다고요. 빨리 사과하시라고요."

그러나 아버지는 사과하는 대신 자기 머리를 유리창에 박으며 자해를 시작한다. 이마에서 피가 흐르던 블러디퓹의 모습이 아버지의 모습으로 이어진다. 아내와 아이들을 때리는 것으로 자신의 잘못을 대속해 온 이 무책임한 가장은 여전히 자신이 가해자라는 사실을 대면하지 못한다. 더 이상 남을 공격할 수 없어진 왜소한 몸으로 이제 자신을 때림으로써, 또다시 남을 때리려할 뿐이다.

잔치가 끝나고 세 자매는 해변을 찾는다. 희숙은 "우리 셋이 찍은 사진이 없다"며 셀카를 찍자고 '부탁'한다. 그렇게 영화는 미연의 기억에서 시작해서 자신의 욕망을 입 밖으로 꺼내본 적 없는 희숙의 바람으로 끝난다. 그리고 이소라의 노래가 흘러나온다. "내 사랑이, 사랑이 아니라고는 말하지 말아요"라는. 인간의 가장 하찮은 모습들을 선보인 뒤 영화는 뜬금없이 "그래도 산다는 건 의미가 있고, 우리도 가끔은 웃을 수 있다"는 기이한 희망을 던져놓는다. 해피엔딩도 언해피엔딩도 아닌 결말. 하지만 영화가 세 자매의 셀카를 담은 프리즈 프레임이 아닌 해변가에서 뛰어다니는 아이들의 모습, 그러니까 지금 세 자매의 뒤를 쫓아가는 네 남매의 어린 시절 모습으로 끝나는 것을 보며 깨닫는다. '해피'냐 '언해피'냐가 핵심이 아니다. 이것은 '엔딩'이 아니니까. 다시 한번, 이승원은 그저 벌어져 있을 뿐 아무것도 수습하지 않은 채 이런 저런 행, 불행이 반복되는 삶을 던져놓은 것이다.

희망도 절망도 아닌 지속이 어쩌면 인생이다. 그러니까 씨발, 우리는 잘못했으면 잘못했다고, 제발 사과하며 살았으면 좋겠다. 그리하여 이 엉망진창으로 파국적인 영화는 불온하게 교훈적이고, 이상하게 위로가 된다.

〈세 자매〉의 영화적 체험이 주는 것

김영진 영화평론가

　　이제 세 번째 장편 〈세 자매〉를 만든 감독 이승원은 보증할 만한 배우들의 연기력을 발판으로 삼아 좀처럼 헤아리기 힘든 인물들의 별난 행동들을 서사의 긴장으로 삼는다. 전작 〈소통과 거짓말〉 〈해피뻐스데이〉에서도 그랬지만 〈세 자매〉에서 주인공들의 행동 동기는 내러티브의 전개 과정 한참 동안 잘 드러나지 않는다. 그들은 스스로 감당해야 할 마음속 트라우마를 징후적으로 나타내는 행동을 하면서 각자의 방식으로 고통을 견디거나 은폐한다. 이 영화의 플롯 상당 부분은 그들이 그렇게 상처뿐인 폐허로서의 내면을 남들에게 발각되지 않는 형태로 연기하는 모습을 보여주는 데 할애된다.

　　영화 초반에 두 어린 소녀가 밤길을 뛰는 이미지가 짧게 제시되지만 왜 그 아이들이 그렇게 황망하게 밤길을 달렸는지 알려면 영화가 클라이맥스에 이를 때쯤까지 기다려야 한다. 나중에 알게 되겠지만 이들은 어린 시절의 미연과 미옥이다. 이 초반 장면 이미지는 영화 전개 얼마 후 미옥이 미연에게 전화를 걸어 자신이 다섯 살 때 언니와 함께 동네 구판장으로 뛰어갔던 일을 묻는 걸 통해 소환된다. 과거는 주인공들의 의식 속에서 끊임없이 소환된다. 과거에 관한 기억들은 조각나 있고 그 조각들은 서서히 맞춰질 것이지만 과거를 소환하면서도 동시에 거부하고 있을지도 모를, 트라우마의 본체를 대면하는 두려움을 극복하지 못한 자매들의 행동은 각자의 방식으로 드러난다. 이 영화의 카메라는 그걸 추적하고 탐색하는 과정을 주저하듯 군다. 초반부 세 자매(희숙, 미연, 미옥)를 소개할 때 카메라는 자주 그들의 정면을 회피한다. 귀가하는 세 자매의 막내 미옥의 걸음을 쫓거나 맏이 희숙이 자신이 경영하는 조그만 꽃집에서 일을 보거나 독실한 신앙인인 미연이 교회 안을 활달하게 돌아다니며 목사를 찾을 때 카메라는 겸손하게 그들의 뒤에 머문다. 인물들의 뒷모습은 이들의 얼굴을 처음부터 마주할 수 없다는 태도의 산물이자 관객에게는 그들이 뭔가를 감추고 있다는 인상을 주는데 그럼으로써 영화는 뭔가 중요한 것을 시각적으로 은폐하고 있다는 느낌을 갖게 한다.

그러므로 이 영화는 시작 5분 안에 주인공들의 클로즈업을 화면에 부각시켜 관객과의 일치감을 꾀하는 히치콕식의 전략과는 저 멀리 떨어져 있다. 희숙, 미연, 미옥이 자매 관계이며 그중 희숙이 맏이이고 미연과 미옥에게 희숙은 배다른 언니이며 이들에게는 막내 남동생 진섭이 있고 희숙과 진섭, 미연과 미옥이 서로 엄마가 다르다는 걸 우리는 영화 상영 40여 분이 지나서야 알게 된다. 그때까지 희숙과 미연과 미옥의 사는 모습을 평행편집으로 배열한 화면들을 대하면서 우리는 미옥이 미연에게 뜬금없이 전화를 거는 장면들을 통해 그들이 자매라는 걸 쉽게 알게 되지만 희숙이 무슨 연유로 이 서사의 한 축에 걸리게 되는지는 한동안 알 수 없다. 그들에게 공통적인 것은 그들 각자의 가정사가 원만치 않다는 것뿐이다. 이 평행편집 서사는 어느 한 사람의 불행이 다른 사람에게도 메아리치는 것 같은, 또는 불행의 화음이 서로 조응해 울려 퍼지는 것 같은 은밀한 상호작용 효과를 자아낸다.

김선영이 연기하는 희숙은 별로 장사도 되지 않는 듯한 꽃집을 경영하면서 엄마에 대한 존경심은커녕 경멸을 노골적으로 표하는 딸과 함께 살고 있는데 타인을 대할 땐 습관적으로 웃음을 짓고 눈동자를 자주 두리번거리며 경계심과 불안을 노출하면서도 식물의 가시 같은 것으로 자기 몸을 자해함으로써 그런 불안을 연소시키려 하는 사람이다. 장윤주가 연기하는 미옥은 긴 신체로 휘적휘적 걷고 동작이 크며 희곡작가로서의 자의식을 남편에게 과시하지만 제대로 글을 생산해내는 재능이 자신에게 있을 리 없다고 끊임없이 자책하는 사춘기적 퇴행에 사로잡혀 있다.

남편이 전 부인과의 사이에서 낳은 아들과의 관계를 어떻게 꾸려야 할지 도통 혼란스러워하면서도 그럴수록 폭음과 폭언에 빠져 자신을 망친다. 그는 술에 취해 불현듯 떠오른 과거의 기억을 확인하고자 시도 때도 없이 언니 미연에게 전화를 거는데 좋든 싫든 미연은 어쩔 수 없이 과거로 소환되는 기억의 입구를 떠올려야 한다.

문소리가 연기하는 미연은 이들 자매 가운데 외형상으로는 가장 정상적이고 심지어 행복해 보이는데 그 꾸밈의 정도가 심해서 오히려 비극적으로 보이는 사람이다. 그는 대학교수인 남편과의 사이에 남매를 두고 있고 지금 살고 있는 아파트보다 더 평수가 넓은 곳으로 곧 이사를 앞둔, 중산층 살림 규모를 꾸리고 사는 데 불편함이 없는 데다 다니는 교회에서 성가대 지휘를 맡아 물심양면으로 신앙생활의 충실도를 내외에 증명하는 독실한 신앙인이다. 모든 게 다 주님이 계획하신 대로 된다는 이 신념의 소유자는 물질적, 정신적 행복의 합일을 위해 초인적으로 노력하고 있으며 화면에 그가 등장할 때마다 그의 왕성한 활동력 덕분에 사건의 해결 주체는 그가 될 것이라는 막연한 예감을 받는다. 그러나 모든 게 완벽한 균형을 맞춘 듯 보이는 그의 가정과 사회생활은 위태로운 유리 가림막 속의 허상이라는 게 드러난다. 저녁 식탁에서 어린 딸이 기도문을 외우려 들지 않자 따로 방에 데려가 억압적 훈육을 가하는 미연의 모습은 그가 시도하는 주님의 축복과 은혜 속에 완성되는 행복한 가정의 실상이 질식 직전의 감옥이라는 것을 가리킨다. 미연의 남편은 미연이 다니는 교회의 젊은 성가대원 여성과 불륜 관계이며 그 내막을 눈치챈 후 미연은 아무도 몰래 효정이라는 이름의 그 젊은 여성을 폭행해 단죄하고 미연의 집요함에 질린 그의 남편은 가정을 떠난다.

희숙과 미연, 미옥은 모두 다른 꼴로 가정의 파국에 직면해 있다. 그들은 그들이 자란 가정의 파국을 그들 세대에 되풀이할 위험에 처해 있다. 행복을 경험해보지 못한 채 불행에 단련된 그들은 자기들의 고통을 얘기하고 싶지만 누구에게도 얘기할 수 없다. 서서히 한계에 다다르면서 그들은 그들 각자의 방식으로 견딘다. 이를테면 미옥이 미연에게 느닷없이 전화를 걸어 예전에 강릉에서 멍게비빔밥을 먹었던 식당 이름이 무엇인지 묻는 것은 그만의 방식으로 구조 신호를 보내는 것이다. 또 다른 장면에서 미연이 마트에서 장을 보다 걸려온 전화를 받았을 때 들리는 미옥의 목소리는 "난 쓰레기야"라는 것이다. 미옥은 언니에게 끊임없이 과거의 기억을 닦달하는가 하면 자신의 존재 부정을 확언함으로써 색다른 형태의 조난신호를 보낸다. 그에 비하면 미연은 하나님에게 구조 신호를 보내 응답받고 있다고 생각한다. 이것은 거대한 환영幻影이다. 그 거대한 환영 속에서 미연은 최선을 다해 안정과 품위를 가장하고 있다. 마트에서 장을 보다 미옥의 전화를 받는 장면에서 하나 더 예를 들자면 신경질과 짜증과 가장된 품위를 오가며 마트 계산대의 직원을 대하던 미연이 계산을 마치려는 직원을 향해 "저기요…… 할인 쿠폰 찍어 주세요"라고 말할 때, 틈을 놓치지 않는 이 주부다운 악착스러움과 꼼꼼함은 남편의 불륜으로 초래된 그의 심리적 공황에 비추어 그가 악착같이 꾸미는 위엄의 허약함을 다소 우스꽝스럽게 드러낸다. 카메라는 장바구니를 들고 걸어가는 미연의 등을 로우 앵글로 따라가는데 자의 반 타의 반으로 억지로 장착한 권위에 스스로 버거워하는 이 사람의 상태를 보여준다.

미옥이 자학과 응석을 오가며 고통을 견디고 미연이 거대한 환영 속에 자발적으로 갇혀 고통을 다른 것으로 가려 위무한다면 희숙은 자폐와 자학의 이중 굴레에 자신을 가두고 저 홀로 무력하다. 꽃가게에 생일 선물을 사러 온 손님에게 자신의 병세를 설명하면서 생리통이 아니고 암이라고 부연하는 희숙의 모습은 그가 미옥처럼 조난신호를 타인에게 보내는 걸 아예 포기한 사람은 아니라는 걸 드러내지만 또한 희숙은 그런 자신의 상태에 대해 누구도 응답하지 않을 것이라고 지레 포기하고 있다. 그가 딸 보미에게 자신의 암 발병 사실을 털어놓으면서 "보미야, 엄마 무섭다. 좀 무섭다……. 엄마가 어떻게 하면 사람들이 엄마 안 싫어할까?"라고 슬퍼하는 것은 그의 오래 축적된 절망의 깊이를 드러낸다. 전남편으로 추정되는 남자가 꽃가게에 찾아왔을 때 그는 희숙에게서 돈을 갈취하면서 희숙의 뱃살을 꼬집으며 "밤에 빵 처먹냐?"고 힐난한다. 아파하는 희숙에게 그는 오히려 "인간답게 좀 살자"고 훈계한다. 희숙은 어떤 곡절인지 지속적인 피

착취 관계에 놓여 있는 듯 보이며 정신적 감옥에 갇힌 미연과 달리 물리적 감옥에 갇혀 살고 있다. 그는 습관적으로 식물의 가시로 자신의 몸을 자해하며 그 고통의 끝에서 오히려 편안함을 느낀다.

〈세 자매〉에는 복구될 수 없거나 복구되기 힘든 관계의 물리적 지표들로 가득하다. 희숙이 자신의 꽃가게에서 고객의 일방적인 취소로 아무짝에도 쓸모없게 된 예쁘게 장식한 생일 축하 꽃바구니를 보고 있을 때, '사랑하는 아빠 생신 축하해요'라는 그 꽃바구니의 리본 문구와 멍한 표정의 희숙의 대비는 망가진 가족 관계를 반어적으로 비춘다. 미연이 아파트 당첨을 축하하기 위해 자기 집에 모인 목사와 교인들을 반갑게 접대하는 영화 속 한 장면에서 미연의 아이들은 이 무의미의 축제 속에 덩그러니 놓인 화초 같은 존재들이다. 남편이 제때 귀가하지 않아 초조한 미연은 겉으론 다른 이들과 함께 찬송가를 부르면서 휴대폰으로 남편의 도착 예정 시간을 확인하는데 이윽고 도착한 남편의 수상한 행동거지에서 불륜의 냄새를 맡는다. 미옥의 가정 역시 공감의 교류가 없는 전쟁터와 같은 곳이다. 연극 관계자들의 연락을 받고 미옥이 외출하는 영화 속 한 장면에서 너무 늦었다고 말리는 남편을 미옥이 떠밀어 자빠트리자 그 여파로 거실 한편에 쌓아놓은 과일 상자들이 와르르 무너질 때, 그 사소한 붕괴는 이 가족의 망가진 형편을 물리적인 상징으로 드러낸다.

〈소통과 거짓말〉〈해피뻐스데이〉두 전작에서 가족관계 내에 축적된 폭력의 상처를 또 다른 폭력으로 이어나가며 자신들의 부정적인 상태에 온전히 몸을 맡기는 가운데 긍정적인 전향을 전혀 꿈꾸지 않음으로써 역설적으로 강인한 자기 긍정에 이르게 되는 인물들을 보여줬던 감독 이승원은 이 영화〈세 자매〉에서 접촉의 힘을 통해 자기 긍정에 이르는 가능성을 타진한다. 미옥은 미연에게 지속적으로 접촉을 시도하고 과거의 기억에 얽힌 미옥의 횡설수설은 어쩔 수 없이 미연을 과거와 대면하게 한다. 언니와 계속 통화를 시도하던 미옥은 마침내 미연의 교회로 직접 찾아가는데 미연은 막상 미옥과 대면하게 되자 당황해 교회에서 도망간다. 미옥은 미연을 따라가며 외친다. "내가 창피해?" 두 사람은 식당에서 칼국수를 먹는데, 정확히 말하면 미연이 미옥을 먹여주는 것에 가깝다. 미옥의 그릇에 쉴 새 없이 칼국수를 덜어주면서 미연은 큰 언니 희숙의 흉을 보고 막내 진섭의 안부를 걱정한다. 먹고 말하는 가운데 그들은 본심이든 아니든 그들 마음의 선한 구석을 드러낸다. 미옥은 입바른 말을 하는 미연을 쳐다보며 감탄한다. "언니, 진짜 효녀다." 이 장면 이후로 미옥은 언니 미연처럼 좋은 엄마가 되려고 노력하는 듯이 보인다. 아들에게 나름의 살가운 인사를 건네고 엄마라면 뭘 해야 하는지 미연에게 조언을 구하며 급기야 아들의 학교를 찾아가 (용기가 없어 술에 취한 채로) 아들의 담임 선생과 상담을 시도한다.

　미옥과 달리 희숙은 식구들과의 접촉을 먼저 시도하지 않는

　　　　　　　　　　　　　　　　　　세 자매 이야기

다. 미연이 희숙의 꽃가게를 찾아가는 영화 속 한 장면에서 희숙은 마침 자리에 없다. 그는 가게 앞에서 우연히 교인들의 인사를 받고 그들의 권유에 이끌려 세례를 받으러 교회에 간다. ("영이 맑아요. 영적으로 너무 활발하세요…… 일곱 악귀 쫓으셔야 돼요.") 미연이 도착해 희숙에게 전화를 걸었을 때 희숙은 욕조에서 한창 세례를 받는 중이다. "새 생명 거듭나는 영생님의 이름을 세례합니다." 마침내 희숙이 미연을 만났을 때 희숙의 젖은 머리는 그가 신앙에 발을 디뎠다는 표식이지만 이미 독실한 신자인 미연은 희숙의 변화를 눈치채지 못한다. 늦어서 미안하다고 사과하는 희숙에게 미연은 말한다. "우리 언니는 평생 뭐가 그리 미안하고 창피할까?" 중국음식점에서 식사하면서 미연은 오래전 희숙이 첫 월급 받은 날 자신에게 밥을 사준 걸 기억해낸다. "맛있는 거 사준다고 여기 왔었잖아." 대화 중간에 미연이 희숙에게 교회에 나가라고 권유하는 것은 조금 전 희숙이 엉겁결에 세례를 받은 것을 떠올리게 하며 또한 희숙이 이전에 엄마와 통화할 때 똑같은 충고를 받았던 장면과 겹쳐진다. 식구들이나 남들 모두 희숙에게 교회를 통한 구원을 말하지만 희숙이 미연의 걱정을 감사히 받으면서 "니는 별문제 없제?"라고 되물을 때 남편의 불륜 때문에 가정이 흔들리는 미연의 얼굴은 굳어지고 모든 것은 희비극적으로 마무리된다. 구원은 어디서 오는가. 미연의 말대로 주님이 다 계획하신 것인가. 그러나 희숙이 미연의 방문을 고마워하며 "가족뿐이 없다. 정말 힘이 된다"고 다짐하듯 말할 때 그 말은 의례적인 공치사를 넘어서 말 그 자체로 희숙에게 어떤 주문의 위력을 갖춘 듯 보인다. 이어지는 장면에서 희숙은 거울을 보며 딸에게 자신의 병을 고백하는 상황을 연습한다. 딸 보미의 반응은 희숙이 예상했던 것보다 더 최악이지만 여하튼 희숙은 오랜만에 이뤄진 미연과의 만남을 통해 가냘프게나마 조난신호를 외부에 송출하기로 결심한 것이다.

이 만남들 이후로 미연과 미옥도 각자 연기의 껍질을 벗어던지고 자신의 본성을 드러내며 고통과 정면으로 마주한다. 미연은 남편의 학교를 찾아가 이혼을 원하는 남편에게 상호의존적인 그들 관계의 실상을 지적한 뒤 냉혹하게 경고한다. "발정 난 개새끼야 애들한테 연락은 해라." 미옥은 아들의 학교에 부모로서 상담하러 갔다가 서투른 해프닝을 벌이며 먹은 술을 교무실에서 게워낸다. 수돗가에서 얼굴을 닦으며 우는 미옥은 수업이 끝났음을 알리는 학교 종소리를 듣는다. 이런 물리적 표식이 장면에 주름을 만든다. 미옥은 다르게 살 결심을 한다. 이어지는 장면에서 미옥은 휴대폰에 미옥의 이름을 돌아이로 저장했다고 아들을 때리는 남편을 타박하고 ("왜 애를 때리고 지랄이냐?") 생전 차리지 않았던 밥상을 식구들에게 낸다. 맛없는 음식을 먹으며 억지로 너무 맛있다고 감탄하는 남편 앞에서 미옥은 "내가 안 해서 그렇지 한번 하면 끝장 나"라고 유세를 떤다.

영화의 후반부는 이들 세 자매가 아버지의 생신을 맞아 고향으로 가서 겪는 일련의 사건들로 채워진다. 그들이 고향 마을에 도착했을 때부터 과거의 이미지들은 무자비하게 현재로 침입해 온다. 마침내 관객은 도입부에 봤던 두 소녀의 이미지의 전체 맥락을 상세히 설명하는 상황과 마주하게 된다. 동네 구판장을 지나는 현재 장면에서 네 남매가 구판장에 가는 과거 흑백 화면이 끼어드는 것을 전조로 아이들에게 가해진 어른들의 폭력(아버지의 상습적인 구타와 가혹행위, 그걸 방조했던 동네 사람들의 무지)이 차마 응시하기 힘든 광경으로 재현된다. 영화 속 과거 회상 장면의 하나는 희숙과 진섭이 아버지에게 맞고 있을 때 그걸 피해 구판장으로 도망쳐온 어린 미연과 미옥의 상황을 설명하고 있는데 속옷 차림으로 벌벌 떨고 있는 아이들을 상대로 구판장에서 술판을 벌이고 있던 두 중년 남자가 가하는 가공할 무지의 폭력은 바닥을 드러낸다. 아이들이 "신고 좀 해주시면 안 돼요?"라고 애걸하자 남자들은 말한다. "못된 자슥들, 느그 아버지가 인마, 응, 전과자 돼가지고 인마, 인간쓰레기 되면 좋겠어 인마?" 그들의 호통을 듣는 아이들의 표정은 이들 가족의 비극성을 집약한다.

　　과거 장면이 이어지고 있는데 현재 아버지의 목소리가 들린다. "이 못난 아비가 간곡하게 기도하나이다." 현재의 아버지는 기독교 신앙에 귀의해 다른 삶을 살고 있다. 어린 희숙이 상반신에 매질 자국이 있는 진섭을 안고 집 현관 앞 박스에 앉아 있는 과거 장면 다음엔 현재 장면의 아버지가 커트된다. 그리고 상처의 발설이 봇물 터지듯 터지는 대단원의 장면이 펼쳐진다. 이 극적인 클라이맥스는 평자의 관점에 따라 봉합의 결말에 봉사하는 시도로 보일 수도, 배우들의 기량에 기댄 감동의 장치일 수도, 극적 구성의 내적 질서에 따른 것일 수도 있다. 예상치 못했던 파토스로 장면들이 타오르기 시작하고 희숙의 딸 보미가 사과하지 않는 어른들을 책망하면서 자기 엄마 희숙이 암에 걸려 죽게 생겼다는 말을 한다. 이 장면은 유리창에 머리를 박는 아버지, 사과의 표시일 수 있지만 폭력의 효과로서의 자학이라는, 정확히 그의 자식들이 지금까지 되풀이해왔던 행위를 아버지가 되풀이하는 것으로 마감한다.

〈세 자매〉의 주인공들은 그들이 언어화하지 못했던 트라우마의 증상들을 마침내 드러낼 수 있게 된다. 모든 것이 지나가고 세 자매는 어린 시절 들렀던 식당을 찾아가는데 그 식당은 이제 존재하지 않는다. 대신 그들은 근처 해변가에서 함께 사진을 찍는다. 그들의 현재 모습과 어린 시절 모습이 사진 이미지로 화면에 박힌다. 그들은 처음으로 함께 있는 데서 오는 기쁨과 편안함을 느낀다. 여기에 이르기까지 〈세 자매〉는 그들의 내면에 막혀 있던 트라우마의 결들이 조금씩 풀려가는 과정을 신중하게 묘사했는데 영화가 끝나면 지독한 독감을 앓고 난 느낌이 들게 한다. 영화라는 매체의 물리적 현존 속에서 경험되는 고통을 세세하게 파고 들어감으로써 〈세 자매〉는 타인의 마음에 가닿는 더디지만 기억될 만한 체험을 안겨주었다.

세 자매 이야기